やることは徹底的にやる、
やらないことは
徹底的にやらない

極端のすすめ

安井元康
MCJ社長

草思社

はじめに

極端に振りきるから、うまくいく。

これまでの自分のキャリアを振り返って、そのように言いきれる自信があります。仕事だけでなく、私生活においても、思いきり極端に振りきるマインドを持ち合わせていること。

別の言い方をするなら、**自分自身の生き方と自分自身のあり方そのものに対して徹底したこだわりを持っていること**が、人生においていちばん大切な心構えなのではないか。私はそう考えています。

なぜか。

それは極端であろうとすることで際立つ個性が生まれ、独自の信念が育《はぐく》まれると考えているからです。

唯一無二の個性は人生のあらゆる場面で強力な武器となります。そして、個性にもとづく強い信念なくして仕事で結果を出すことはできません。

成功している人、人生で輝いている人たちはみな極端な一面を持っており、身のまわりのちょっとしたことにも強いこだわりを見せます。

仕事や勉強法、人間関係はもちろんのこと、休日の過ごし方や食べるものに至るまで、独自のルールや方法論を持っているのです。

成功者というのは一見すると感じがよい人も多いのですが、一方で自分のルールは頑として曲げない、というタイプばかりです。

誰一人として、「まあ、これくらいでいいや」「まわりのみんながやっているから、自分も同じように」というような中途半端な生き方をしてはいないのです。

惰性《だせい》で生きている成功者はいません。

惰性で生きるとは「自分で物事を判断しない」ということです。つまり、自分自身の意見がないということ。自分の意見がなければ、その分野においては自分が存在しないのと同じなのです。

「自分らしい生き方」「ありのままの自分」といったことが声高に語られるようになりました。

しかし、残念ながらそこで語られていることの多くは自己満足ではないでしょうか。はじめから戦うことをあきらめて、努力しないことを正当化しようとしているようにも思えます。

「オンリーワンをめざす」の意味を、はき違えてはいけません。

オンリーワンをめざす唯一の目的は、圧倒的な差別化であり、自分自身のリソース（時間・エネルギー・お金）を特定の分野に集中することでナンバーワンをとりにいく戦略なのです。

自分で人生を切り拓こうとせず、それを正当化するのに、オンリーワンという言葉を使ってはいけません。

「死ぬ前に、『人生、やることをやりきって幸せだった』って言いたいんだよね」

このようなことを言う人は、非常に多くいます。

でも、死ぬ前に言うのでは遅いのです。毎日、言いましょうよ。

「今日もやることをやりきって、一日をフルに生きた。楽しかった」と。

そういう日々を積み上げることが、人生の目的なのではないでしょうか。

人はみな、無限大の可能性を持ってこの世に生まれてきています。

その可能性を開花させられるか否かは、ひとえに自分自身の心構えと努力にかかっているのです。やみくもな努力ではなくて、正しい方法論にもとづく努力です。誰かのための努力でなく、自分自身のための努力です。

誰にとっても一度きりの人生。その人生の可能性をフルに開花させる最高の方法論が、極端に振りきるマインドを持つことなのです。

本書では、極端であることがいかに重要かを、さまざまな角度から述べさせていただきますが、まず大枠のイメージをご理解いただくために、「極端をめざす」の反対は何かということを示しておきたいと思います。

それは「オール五をめざす」です。

オール五をめざすことは学校においては評価されるかもしれませんが、社会においては評価されません。「何でも一通りできます」という人は、使い勝手はいいけれど、これといった特徴のない人として、何でも屋さん的な立場で終わる危険性があります。

私自身これまで、勉強や仕事だけでなく、人生においても極端であることをつねに意識しながら生きてきました。

決して器用なタイプではありませんが、**自分が「できること」については、他の追《つい》随《ずい》を許さないレベルで「できます！」と断言できる**ようになるまで努力してきました。

すべて自己流です。誰かの生き方をなぞりたいと思ったことはありませんし、誰かのアドバイスを聞いたこともありません。これまでのキャリアにおいて、外野の声はむしろ意識的に、徹底的に無視してきました。

私の判断基準は一つ。極端かどうか、です。

オンリーワンを言い訳にせず、狙った分野においてはつねに堂々とナンバーワンを狙ってきました。

ターゲットを絞らず、「オール五思考」で生きることは人生の可能性を狭めると私は考えています。中途半端は時間の無駄なのです。私はこれまでずっと「**やることは徹底的にやる。やらないことは徹底的にやらない**」というルールを自分に課してきました。

メリハリをつけて無駄を極限まで削ぎ落とし、効率化と集中化により結果を出してきたわけです。そのプロセスで、「自分らしさ」も形成できたと思っています。

「徹底的にやって、それで失敗したらどうしようと不安になったりしませんでしたか」などと聞かれることもありますが、**目標を決めて、そこに向かってフルスロットルで努力していくと、不安を感じる時間すらありません。**

自分の置かれている状況を冷静に見きわめたうえで、「これだ！」という道を見つけましょう。そうすれば余計な雑念は湧いてきません。

極端になることは、一度きりの人生をフルに生ききるための方法です。

そしてそれは、自分自身を本当に知るための唯一の道でもあります。極端であろうとすることで、自分が努力すべき方向性も見えてきますし、やがては自分にとっての幸せの形も見えてきます。

人生やキャリアにおいて、万人に当てはまる成功の方程式は存在しません。**極端に振りきった挑戦→結果（失敗・成功）のプロセスを通じて、自分自身にとっての幸せの形をキチンと把握すること**が、成功へと走り出すための第一ステップです。

この本が、私たちをがんじがらめにしている常識の殻をぶち破る一助になれば、こんなにうれしいことはありません。

極端のすすめ　目次

第2章 極端に振りきるための方法 63

第3章

極端になるために避けるべきこと

第4章 極端な仕事術&勉強術

第5章 極端なオフ時間の過ごし方 137

第1章

なぜいま極端さが必要なのか

従来のエリートコースとは対極の「極端なキャリア」

極端なキャリアとは、どのようなものでしょうか。
最初に、よくある誤解を解いておきたいと思います。

エリート大学卒。新卒で東証一部上場の有名企業に就職し、社内の出世コースを歩んで海外の有名なビジネススクールでMBAを取得……

ひょっとしたら、こういう経歴を「極端で、素晴らしいキャリア」だと思われる方もいるかもしれません。
でもじつはこれは、本書の定義する極端とは正反対の、**量産型のエリートコース**なのです。

教科書どおりの王道キャリアではあるのですが、**王道であるがゆえに、同じような経歴の人が増え、すでにインフレ気味**になってきています。そして、実際に会ってみると、何ができるのかが見えにくい人も多いのです。

じつは私もＭＢＡホルダーではあるのですが、意味合いはまったく違います。

まずは自己紹介を兼ねて、そういった王道とは正反対の、私のこれまでのキャリアをご紹介しようと思います。

極端なキャリアとは
～私の場合

私は母子家庭に育ったこともあり、中学時代からアルバイトに明け暮れる生活を送らざるをえませんでした。そうやって普通の都立高校を出て、入学した大学も世間で「中堅私大」といわれる学校です。

大学時代も学費・生活費を稼ぐためにガテン系のアルバイトをはじめ、さまざまな仕事をこなしていましたが、同時に**実社会に出てからが本当の勝負**だと考えて、猛烈な勢いで勉強をはじめました。

私が目をつけたのは、「英語」と財務・会計などの「数値スキル」です（なぜ、この二つだったかは後で詳しく述べます）。文字どおり寝食を惜しんで勉強して、大学を出るころには、それぞれ仕事ですぐに使えるレベルに到達していました。

まわりが就職氷河期で大苦戦しながらも大企業をめざす中で、私はベンチャー企業を志望しました。

当時はＩＴバブルの崩壊直後でベンチャー企業は敬遠されがち、なおかつ新卒でベンチャーに就職すること自体が一般的ではなかったのですが、私はベンチャーこそ自分の進むべき道だと確信していました。

理由は二つあります。一つは、学歴的に有名企業はそもそも書類選考の段階で足切りだったこと。

そして何より、年齢や学歴といった「ラベル」ではなく、自分の実力で仕事における可能性を切り拓けるのはベンチャー企業だと考えたのです。

優先順位のトップは、自分の能力を思いきり伸ばせる場所かどうかでした。その条件さえクリアできていれば、激務・薄給でも問題ないと考えていました。

とはいうものの、そういう会社は当時も現在も即戦力の中途採用が中心で、新卒に門戸が開かれているわけではありません。

私は**「実務経験二年以上」というような条件を出している会社に、「気合は二年分以上あります」とアプローチ**して（応募した会社は数十社に及びます）、まずGDH（現ゴンゾ）というアニメ制作会社に職を得ました。

いまになって考えると、ちょっと危ない学生に見えたかもしれません。

その後、さらなる成長を求めて転職したエムシージェイ（現MCJ）では、株式上場に関する実務をみずから志願して担当し、膨大な量の業務とその業務遂行に必要な知識のインプット（猛勉強）を同時にこなす日々を送ることになるのですが、その当時の私は、その状況を心から楽しんでいました。

それが会社から押しつけられた仕事だったら、たいへんな苦痛だったに違いありません。ですが、**みずからの意思で、自分の成長と成功のために死力を尽くすことには、他では得がたい喜びがあった**のです。

二〇〇四年にＭＣＪは東証マザーズに上場を果たし、私は入社数年のキャリアで執行役員（ＣＦＯ）に就任しました。

第三者的に見れば、ついに大きな山を登りきった、というところかもしれません。ですが、その直後から私は次の挑戦の場とさらなる成長を求めてＭＢＡ留学の準備にとりかかりました。

自己流の仕事術でがむしゃらにやってきたのですが、それがどれだけ違う世界で通用するのかを確認する必要があると考えたのです。いわば、**自分の仕事上の知識とスキルの「棚卸《たなおろ》し」**です。

同時に「看板が欲しかった」という理由もあります。二六歳にして上場会社の役員という肩書を手にすることができたのですが、どうしても自分の最終学歴に対するコンプレックスが消えません。

そこで、**どうせなら世界で通用する「最高峰の看板」を手にしよう**と考え、ケンブリッジ大学にＭＢＡ留学することにしたのです。

実際にＭＢＡをとってみて確認できたのは、それによって仕事が本質的に有利になることはない、という事実でしたが、それがはっきり確信できただけでも留学してよかったと思っています。

海外での仕事においては相手も同じＭＢＡホルダーであることがよくあり、ちょっとした話のネタにはなる、というくらいのメリットはありますが、その程度なのです。

帰国後は、冨山和彦氏率いる経営共創基盤（ＩＧＰＩ）で戦略コンサルとして働き、現在は古巣のＭＣＪに一〇年ぶりにプロ経営者として復帰、取締役社長を務めています。

「なんだ。結局、うまくいきましたという話じゃないか」と思われた方もいるかもしれません。

ですが注目していただきたいのは、**私のこのキャリアのすべてが「極端であること」を意識しつづけた結果である**ということです。

極端に振りきることは、いわゆる一流大学を出ているわけでもなく、コネもない、そういう立場からスタートした私の方法論です。だからこそ、それには再現性があるはずだと私は考えています。

魅力的な社会人の必須条件は「極端」であること

自分の苦手分野を克服するために努力しましょう、という考え方があります。「少なくとも、人並みにはできるようになっておかないと今後マズイ」という危機感から苦手分野の克服に必死に取り組まれている方もいるかもしれません。

でも**苦手を克服するための努力は、報われる可能性が低い努力**です。

ここで是非、考えてみていただきたいのは、社会人として「魅力的な人」に共通する特徴は何か、ということです。

判断する側の価値観やレベル感によって、どの要素がどれくらい魅力的に映るかは変わってくるはずですが、魅力的な人に共通しているのは、**「平均点の人生を歩んできていない」**ということであり、そのうえで**「個人として圧倒的な結果を出している」**ということではないでしょうか。

別の言い方をすれば、**魅力的な人とは「何ができるかがはっきりしている人」**ということになります。苦手を克服してマイナスをゼロにしても、それがその人の売りになることはありません。

有名大学を出た人、有名企業で働いている人はたくさんいます。東大だけでも毎年三〇〇〇人が入学するわけですし、MBAホルダーや難関の国家試験（司法試験や公認会計士など）の有資格者もたくさんいます。

でも、**「何ができるか」がはっきりしていなければ、残念ながら魅力的な職業人と評価されることはありません。**

MBAや難関資格をとっても、それだけでは同じカテゴリーにいる「その他大勢」に埋もれてしまうだけなのです。

本書のような、ビジネス書の著者を例に考えてみても同じです。

読者のみなさんは、こうした書籍を購入されるときには間違いなく、「この著者は何をなしとげた人なのか」を見るはずです。

つまり、この著者個人に帰属する具体的な能力と実績を見て、その本を読むべきかどうかを判断されるわけです。「一流大学を出ている人だから」「MBAホルダーだから」という肩書で本を選ぶことはないはずです。

特定の分野で抜きん出た実績がある人の言葉だから、「ちょっと面白そうだ」とか「意見を聞いてみたい」となるはずです。

つまり**何らかの「極端な一面」が垣間見えて、それが求心力になって人を惹きつける**のです。

ビジネスパーソンだけでなく、アスリートや料理人でも、結果を残す人、人を惹きつける人には確実に「尖《とが》った部分」があります。

その尖った部分、別の言い方をすれば**コアとなるスキルがはっきりしていることが**、その人の魅力となるのです。

社会人が「オール五」をめざしてはいけない理由

私たちは学生時代に、すべての学科においてまんべんなくよい点数を残すこと、つまり「オール五」の状態が理想であるという教育を受けます。

しかし、「オール五人間」が特徴のある人間であるかというと、決してそうとはいえません。社会に出てからは、**オール五をめざせばめざすほど、何が得意なのかが見えにくくなり、個性と特徴が失われる危険性すらある**のです。

少なくとも私は、はっきりした特徴の見えないオール五人間よりも、何かの分野で「一〇の力」を持っている特徴のある人間のほうに魅力を感じます。

「最高点は五なのに、なんで一〇なんだよ」と思われる方もいるでしょう。

ですが、この**評価軸をはみだす「一〇のレベル」をめざせるか否か**が、その他大勢から脱却できるか否かのカギなのです。

そもそも、仕事においては完璧な正解はなく、同じくどんな状況にも当てはまる唯一の正解も存在しません。

加えて、たとえば社内基準の「五」の評価は、あくまでその組織内における評価軸によるものにすぎません。

学校の科目ならクラス内の相対評価で五がもらえます。しかし、私たちの仕事の到達点には上限がありません。

ですから、プロフェッショナルたるもの、どこまでも上をめざしていく気概がなくてはならないのです。

組織内の相対評価が高いことに満足しているようでは、自分の武器になるような仕事上の個性は決して生まれてきません。

自分の中における基準、仕事のハードルが世間やまわりのそれよりも圧倒的に高いこと。それが魅力的な人間になるための第一歩です。

「何でもできる人」は「何もできない人」と同じ

仕事自体もそうですが、仕事をするために必要な知識の探求にも「終わり」や「一〇〇点の基準」といったものは存在しません。そして、すべての分野において一番になるということは不可能です。

したがって、**「自分は何でもできます」「あれもこれも得意です」という人間は信用できません。**そういうことを口にしている時点で、その人の「できる」のレベルがきわめて低いことが明らかなのです。

名刺にたくさんの肩書が並んでいる人に、重要な仕事を任せたいとは思いません。「○○コンサルタント」「認定××士」「△△インストラクター」……と、肩書が並べば並ぶほど、個別の能力についての評価は下がらざるをえないのです。

たとえば、大病を患って手術を受けなければならなくなったとしたら、誰だってなるべく専門性の高い医師に執刀してもらいたいと思うのではないでしょうか。

あるいは、何でも屋を自称する弁護士に、大事な裁判を任せたいと思うでしょうか。

むしろ、「本当にこの先生に任せてしまっていいのだろうか」と疑念が湧いてくるのではないでしょうか。

ちなみに現在は、医師も弁護士も専門分野がかつてなく細分化されていて、一流と呼ばれる立場の人ほど、その特定分野に特化して独自色を打ち出しています。

限られたリソースを分散してはいけません。**一点集中で最大限のリターンを狙うべき**です。

極端な人に共通する二つの要素とは？

どんな分野においても、魅力的な人にはその人ならではの「一〇レベル」の特徴があり、その特徴を裏づけるストーリーがあります。

ビジネスの世界の住人なら極端な起業方法や経営手法。アスリートなら極端な練習方法。職人なら極端な修業経験。

まわりに流されず、自分の手法にこだわり抜いた結果、人を惹きつける魅力が生まれるのです。

1　他人の評価基準によらない、自分ならではは軸を持っていること。

2　極端な努力（自分自身との戦い）によって、個人としてのバリューを出し続けていること。

「一〇のレベル」の特徴を持つ人たちに共通しているのは、この二点です。

彼らは**他者の評価軸を自分の中から消し去ることで、逆に他者から絶大な評価を得る存在**になっています。この点に注目すべきではないでしょうか。

極端な社員は会社にとって「頼もしい存在」

専門性の高い職業において、極端であることの価値は明確です。作家であれ、料理人であれ、アスリートであれ、みな他者との差別化を図り、そのうえで結果を出してみずからの人生を切り拓いています。

では、会社員の場合はどうでしょうか。

なんだかんだいっても、会社員ならいろいろな業務をこなせるほうが都合がいいのではないか。

そうお考えになる方もいるかもしれません。

それに会社員の場合は依然として、特定分野における仕事よりは「○×社の誰々さん」といった肩書で判断される場面も多いので、極端であることのメリットがそれほどないように思われる方もいるかもしれません。

ですが、「仕事を通じて報酬を得ている」という条件が同じである以上、会社員だけが例外なわけはありません。

人材をマネジメントする側の立場から考えると、**極端な社員とは「どんな仕事を頼めるか」が明確な社員**ということになります。つまり、安心して仕事を任せられる頼もしい存在なのです。

私は、これからの会社員はそうあるべきだと考えています。つまり、**会社員ならスーパー会社員をめざすべき**なのです。

詳しくは次章以降で述べますが、まずは目の前の仕事をこれ以上はできないというレベルでやってみることです。

必要なのは極端に振りきることで自分自身を知り、職業人としてのアイデンティティを確立することです。

キャリアにおける「大衆化社会」の終焉と「プロ社会」の到来

「あなたは何ができますか？」

「部長ならできます」

日本的雇用における中高年社員の専門性のなさを笑う冗談として、かなり以前から知られているやりとりですが、これがいまだに一定のリアリティを持ってしまっているのが残念なところです。

依然として日本の組織の中には、「仕事においては幅広く業務をこなせることがよいことだ」という神話があるように思います。

あえて好意的な見方をすれば、会社側は専門性を持たせるべく育成してうまくいかなかった場合に、その人間のキャリア（人生）に責任を持てなくなるので、リスクヘッジの意味合いも込めて、「いろいろやってみる機会」を与えているということなのかもしれません。

でも、さすがに限界ではないでしょうか。

個人としての突出した経験やスキルを持たない中高年を笑う「部長ができます」の冗談が人口に膾炙《かいしゃ》してずいぶんとたつのに、数年おきのジョブローテーションをこなして、特徴のない「総合屋さん」として組織の階段を上っているビジネスパーソンは現在も少なくありません。

ですが近年、とくに**転職マーケットにおいて圧倒的に競争力が高いのは、特定分野において尖《とが》ったスキルを有している人間**です。

組織内の便利屋さんには大きく立ちはだかる「三五歳の壁（転職三五歳限界説）」も、スペシャリティを持つ人材にはほぼ関係なくなってきています。

経済が右肩上がりで、向かうべき方向性が誰の目にとっても明らかであった時代には、過去の継続（業務の延長・踏襲）が仕事の基本となるため、「平均的に優れた社員の確保・量産」が企業にとって必要でした。

終身雇用が前提だったのも、同じ理由です。

しかし、時代はすっかり変わりました。

業態にかかわらず事業環境は不透明きわまりなく、企業は目の前の多様で、なおかつ具体的な課題に即座に対応することなしには生き残っていけません。だからこそ、見えない将来を切り拓く力のある「プロ」が求められているのです。

過去の経験則が通用しない非常時においては、**平均的に何でもできる人の集合体よりも特定分野に圧倒的な強みを持つプロの集団のほうが、対応力と課題解決力に優れている**のは明らかです。

だから伝統的に自前主義で人材をまかなおうとしてきた日本企業も、否応なく外部の血を入れざるをえないのです。

キャリアにおいて、平均的に何でもできる人を量産する「大衆化社会」はすでに終焉しており、**特定分野において抜きん出た実力を有するスペシャリストが求められる「プロ化社会」が到来している、**ということです。

短期間で結果を出す「プロ社員」の重要性

昨今は、プロ経営者を招聘する企業が増えてきています。かく言う私も、プロ経営者として古巣に復帰しています。

プロ経営者とは複数の会社（異業種）で経営にたずさわった経験を有する、文字どおり会社経営の専門家（プロ）です。欧米の企業では以前から一般的でしたが、日本企業でもプロ経営者が珍しくなくなってきました。

この背景には、急激に変わりゆく事業環境・競争環境に対応するために、外部の知見を持つ人材を招聘せざるをえないという事情があります。三五歳以上の「経験者採用」が盛んになってきているのと理由は同じです。

他の会社でも能力を発揮できるか否か、転職の声がかかるか否かは、要するに、採用する企業の側が求める**「具体的課題」に対応できる「具体的能力」を個人として有**

しているかどうかがポイントです。

つまり、本物のプロであるか否かです。

ここでは、**「平均点が高い」ことは重要ではありません。**飛び抜けた能力と経験が買われるのです。

つまり「どんな分野において、どんな経験・スキルを有していますか」という問いのみが意味を持つのです。その意味では、文字どおりの「経験者採用」が行なわれるようになってきたといえるでしょう。

そのような転職マーケットにおいて、この章の冒頭で書いたような王道のエリートコースを歩んでいるタイプ、大企業で数年間ごとに花形部署をローテーションしてきましたという「社内出世コース組」は、評価の対象になりにくいのです。

経済状況がよければ、「平均点よりは上の仕事ができる可能性が高い」という理由で、そういう人材が選ばれる可能性もあるでしょう。しかし現在、多くの会社で求められているのは**具体的に、そして何よりも短期間で成果を出せる人材**です。

既存の社員にはない付加価値を提供できる、平均から逸脱した能力を持つ人材が必要とされているのです。

なお、そのような採用の際には、かならずしも同じ業界内のみで人材が探されているかというと、そんなことはありません。

たとえばＩＴの専門知識を応用して、ＩＴ化の遅れている業界や地域に乗り込み付加価値を提供する、そんなことも可能なわけです。

今後、一部の高付加価値人材に仕事が集中していく傾向は強まる一方と考えられます。その他大勢に埋もれていては、行き場所の選択肢がどんどん狭まってくると認識するべきです。

私は事業会社だけでなく、戦略コンサル会社においても長年採用に関わってきましたが、「王道キャリアを歩んできた自分を評価してください」というスタンスの応募者が非常に多かったと記憶しています。

ペーパー上の経歴は華麗なのですが、その人独自の特徴・信念が見えにくいというタイプです。

出世コースを歩んできたご自身の経歴を「職歴書どおり」によどみなく説明される

のですが、たとえば、「なぜ、そのキャリアが社内で出世コースだったと思われますか」といった質問（これはじつは、その会社や業界が置かれている経営環境についての理解が問われる質問です）に明確に答えられる方は非常に少なかったのです。

さらにいうと、そういった方の母数は決して少なくありません。つまり、希少価値がある人材というわけでもないのです。

逆に、**尖った経験を一つでも持っていれば、自分ならではのストーリーを語れます。**

私が戦略コンサル会社に入る際にアピールしたのは、ベンチャー企業を上場させる経験でつちかった財務・経営管理のスキルでした。

私の場合は文字どおり極端な例ですが、たとえば、以下のような経験があれば非常に印象がよくなります。

「海外で事業所を立ち上げた」
「新規事業でゼロから顧客を開拓した」
「新しい手法で納期を半分に短縮した」

こういった経験があれば、具体的にどういった仕事でその人が活躍できるか、具体的イメージも湧きやすくなります。

社内での出世コース組は「優秀そう」「どこかで使えるかもしれない」という評価にとどまらざるをえないのですが、**尖った経験がある場合は具体性があるので「フィットする・しない」の判断がしやすい**のです。

生き残り戦略として私たちがめざすべきなのは、インフレ気味のオール五人間ではない、ということがおわかりいただけたかと思います。

語学でいえば、英語で業務遂行ができる人材もまだまだ不足していますが、中国語で業務遂行ができる人材はもっと不足しています。「中国語プラスアルファ」として何かの分野で尖ったスキルを獲得して、誰にも置き換えられないオンリーワン人材をめざすといった方法もありでしょう。

そうして、自分をブランド化していくのです。

「T字型人間」ではなく「傘型人間」をめざせ！

これからの会社員は、柱となるスキルを極めつつ、それ以外のさまざまなジャンルについても広く浅い知見を持つ「T字型人間」をめざすべき、などということがいわれます。

自分の中で、職業上の売りとなる「軸」がキチンとしていることが求められるのは当然です。そのうえで、その軸を中心に周辺知識に関する「理解」があることは大切ですが、それは**軸となる根幹の部分が圧倒的に太いことが大前提**です。

「T字型人間」をめざすと、どうしてもオール五思考に陥りがちです。

そうではなくて、コアとなるスキル以外は、あくまで自身の軸の部分を補強する位置づけとして適度に伸ばしていく、いわば「傘型人間」をめざすべきなのです（この頁の見出しの下にある図のようなイメージです）。

絶対に誰にも負けないという気合で自分のコアスキルを磨き上げること。それが、とくに若いビジネスパーソンにとっては必要です。

弱点を克服するのにエネルギーを使ってはいけない

仕事において人が評価される際に、まず見られるのは「彼・彼女は何ができるか」であると書きました。「何ができないか」ではありません。

であるならば、やるべきことははっきりしています。

自分の弱点を克服することに労力をかけず、自分の強みを圧倒的なレベルに持っていくことに注力することです。

つまり、**努力のベクトルを弱点の克服ではなく、強みをさらに強くする方向に持っていく、**ということです。

考えてみてください。人間だれしも、**好きなことや得意なことなら頑張れる**ものです。膨大な時間を投入することもできます。さらにいうと、楽しさを感じながら努力するほうが、明らかに結果も出やすい。

逆に、弱点を克服するための努力は苦しいわりに成果が出にくいのです。なかなかうまくいかないうえに、首尾よく弱点を克服できたところで、それは平均レベルに到達したというだけ。プラス評価につながることはありません。ちょっとむなしくはないでしょうか。

そうであるなら、まずは自分の仕事上のアイデンティティを確立するために「強み」を磨く努力に限定したほうがよいはずです。投資するエネルギーや時間に対するリターンがまったく違うのですから。

自分はどの分野で「レベル一〇」に行ける可能性があるのか。そしてそれは、自分のキャリア上、どんな意味を持ちうるのか。まずはここをしっかり考え抜いて、自分なりの答えを出すことです。

それが、自分を「プロ化」するための第一歩となります。

「自分探し」の旅に出るより「自分の現場」で考えよう

まずは自分が「レベル一〇」をめざせる分野を探すこと、と書きました。しかし、それがいわゆる自分探しになってしまってはいけません。

もうずっと前から、世の中自分探しブームです。というより、もはやブームという言い方があてはまらないほど一般的になっているかもしれません。

仕事に行きづまったら自分を探す。将来が見えなくなったら自分を探す。探すための手段としては、とりあえず仕事を辞めて資格試験に挑戦する、旅に出る、留学する……といったあたりがマジョリティでしょうか。

たまに、難関資格をとって一発逆転を狙うというようなことを言う人がいますが、**取得しただけでスーパーマンになれる資格など現在はありません。**頑張って司法試験や公認会計士試験といった難関を突破したにもかかわらず、仕事がなかった、という状況も起こっているのです。

自分探しとは、先の見えない時代に自分の居場所や立ち位置を探ろうという行為なのだと私は考えています。

それがこれだけ一般的になっているのは、キャリアや人生における不確実性が高まっていることの裏返しでもあるのでしょう。

経済が右肩上がりの時代が完全に終わって、会社から言われたことをやっていればそれなりに将来が見通せる時代ではありません。

「いったん一歩下がって、自分を見直す時間を持つことも大事だよ」などとまことしやかに言う年長者の言葉が、耳に心地よく響くのかもしれません。

でも、本当にそれでいいのでしょうか。

実際に自分探しの旅に出て、自分のアイデンティティを確立できたという人間を、私は知りません。逆に自我をこじらせた人は何人も知っています。

加えて、自分が日本人であるということをきれいに忘れて、日本社会を批判しはじめる人がいます。「日本は○○だからダメ」という例のパターンですね。

きびしい言い方をすれば、それは自分が通用しなかったのを日本社会のせいにしているだけではないでしょうか。つまり自己正当化なのです。自分自身の能力を客観視できていないのも問題です。

そもそも、「日本社会が悪い」と言うことで、いまあなたが抱えている問題が一ミリでも解決するでしょうか。「時代が悪い」「俺が成功できないのは世の中のせいだ」と思っていて、とことんまで努力するマインドが生まれてくるでしょうか。

私たちは、どんな立場に置かれていようと**「自分が影響力を行使できうる範囲」で最善の行動を選ぶべき**なのです。

私たちを取り巻く社会は複数の階層に分かれています。個人を中心に考えた場合、家族、友人、仕事上の知り合い……、仕事関係でいえば、課や部署、会社、そして他社……、といくつもの階層があります。

自分の居場所を見つけるためには、まずはその構成要素である各階層における自分と他者との関係性を明確にしていかなければなりません。場合によっては、関係の改善を図るための努力も必要です。

そこをすっ飛ばして、自分が直接的に影響力を行使しえない社会というものを悪者にしても、何も変わりません。

仕事を変えても、自分探しの旅に出ても、軸の中心にいる自分が変わらないのでは、結局同じことの繰り返しになるのが関の山なのです。

それよりも、たとえば先ほど例に出した有資格者の場合でいえば、**自分に何をプラスアルファすればより希少性のある人材になれるか**を考えるのに時間を費やすべきなのです。

単体の資格では「その他大勢」だったとしても、プラスアルファを加えることで差別化を図り、その他大勢を脱却することが可能になります。

そして、そのためには自分探しの旅に出るのではなく、自分を取り巻く業界の状況や将来展望を「自分の仕事」を通じてマーケティング的視点で考える必要があります。

私たちはつねに「現場」で考える必要があるのです。

誰かに質問するというのはじつは生産性の高い行為

人生に変化を起こすための構成要素は、自分自身と自分を取り巻く環境の二軸です。ですから、変化を起こしたいのなら、自分を変えることに注力すべきです。そして、その最善の方法は、**まず現在あなたがいる場所で極限まで努力と工夫をしてみる**ことなのです。

とことんまでやってみないと、自分と自分を取り巻く環境の本当の関係性も理解できません。環境を変える決断をするのは、とことんまでやってみた後です。

仕事で結果が出なければ、やり方をいろいろと変えて試行錯誤するのはもちろん、先輩や上司へもそれまでの二倍質問する、上司のその上の上司にも話を聞く、投入する時間と労力もギリギリまで増やす、といった努力をするしかありません。

ちなみに、忙しそうにしている目上の人間になかなか話を聞きにくいと感じている若い方もいると思います。いまはグーグル検索という自己完結的な情報収集の方法もあるため、質問することへの心理的な抵抗はより高まっているのかもしれません。

ですが、**じつは質問するという行為は生産性の高い行動なのです。**質問を受ける上司にとっては部下がどこでつまずいているのかが明確になりますし、あなたの業務への本気度も伝わります。質問しない手はありません。

とくに**仕事のスピードとクオリティを上げたいのであれば、仕事の要件定義たる最初の段階でいかに効率的な質問ができるかが勝負**です。

自分の仕事のクライアントたる上司や取引先は何を求めているのか、その背景は何なのか。質問を通じてそういった本質を探れば仕事の方向性もアウトプットのイメージも湧きやすくなりますから、仕事の効率化につながります。

仕事とは自分が納得するものをアウトプットとして出すのではなく、クライアントたる誰かに対して価値を提供するものですから、相手が何を求めているのかを明確に理解せずにはいい仕事はできないのです。

「自分の限界」までやって見えてくる世界

とにかく一度極端に振りきってみないと、自分の限界も自分をとりまく環境の問題も明確に見えてはきません。

私は二十代のころに一度、過労で血を吐いて入院したことがあります。そこまで仕事をするのは明らかにやりすぎで、決しておすすめできませんが、私自身はそのときの経験から学んだことがあります。

自分がどこまでやれるかをキチンと把握できたのです。

「ここまではやれる」という限度がわかって、不安がなくなりました。自分の限界の範囲内で創意工夫ができるようになったともいえます。

仕事も勉強も中途半端はいけません。それでは、あなたの能力も適性も限界も見えてきません。

これ以上はできないというところまで頑張ってみることで、自分の能力のありよう、努力の方向性の可否、「できること」「できないこと」、そして周囲の人間とのリアルな関係性も見えてくるものなのです。

経営者が「自分の悪い部分」だけを指摘してもらっている理由

ヘッドハンティングの会社を経営している私の友人は、会社の内外の人間に「自分の悪い部分だけを指摘してもらう機会」を定期的につくっています。

かなり精神的にこたえる作業ではないかと思うのですが、仕事の場での彼をよく知る人間と、個人としての彼をよく知る人間の双方から、「こういうところが、よくないと思うよ」と指摘してもらっているのです。

彼いわく、経営者としての自分の「よい部分」は仕事の結果（会社の業績）として可視化されやすい一方、問題のある部分は見えにくく表面化もしにくいので、自分が致命的な弱点を抱え込んでしまっていないかを振り返る作業をしている、とのことなのです。

欧米のディベートでは、議論の質を高める目的で、意図的に反対意見を述べる役割を担う「悪魔の代弁者（devil's advocate）」と呼ばれるポジションを設定することがあります。

あえて異を唱える存在がいることで、より精度の高い結論が導かれるという考え方です。

彼が自分に課しているのも、それに近いものがあるかもしれません。

私の友人の場合、こんな極端な方法でさまざまな立場の人たちから意見収集をして自分の状況を検証しているわけですが、これこそプロにとって有意義な「自分探し」ではないかと思います。

一般の社会人がここまでやる必要はないと思いますが、ビジネスパーソンの場合でも、**上司からの人事評価フィードバックの際に、評価点よりも改善点にしぼったディ**

スカッションを求めることで同じような効果を上げることができるかもしれません。
自分を知るためには極端に振りきるマインドが不可欠なのは、この友人の例からもおわかりいただけるかと思います。

目の前にある課題に最高レベルの努力で取り組んでみる

極端に振りきれ。そう言われても、どこからどのようにはじめればよいのかわからないという方もいると思います。

「よしわかった。とりあえず一日五時間勉強だ！」と、現在の仕事とはまったく関係のない勉強をはじめても意味はありません。

現状に不満なビジネスパーソンが、司法試験やＭＢＡといったステータスの高い目標をめざして走り出す、といった行動に出ることもありますが、これもあまり意味がありません。

極端になるということは、誰にも達成できないような途轍《とてつ》もない目標をめざすことではありません。

いや、むしろ**極端に振りきるのは、「自分の目の前にある具体的な状況に対して」のほうがよい**のです。

まずは自分が現在やっている業務を対象に、取り組むレベルを限界まで上げてみてはどうでしょう。

あなたがまだ学生であれば、何かの分野における勉強をとことんやってみる。会社員であれば自分の業務分野における「学習×実践」のループを限界まで回してみる（この「学習×実践」のループについては次章以降でご説明します）。

つまり、**目の前の課題に対して、自分としてはこれ以上できないというレベルで取り組んでみる**ことです。そこまでやれば、自分がそれに向いているかどうかもリアルに理解できるでしょう。

漠然とやっても、うまくいくはずはありません。そして、それ以前に自分の適性すらわからないでしょう。

とことんやってみる。それを自分のクセにしてしまう。そうしていけば、本当の自分が見えてくるはずです。

社会人になってからほとんど勉強したことがないというのであれば、まずは業務に関係する分野の勉強を一日一時間でもいいのではじめてみてください。

そうして慣れてきたら勉強時間を延長し、学習範囲を広げ、レベルを上げていけばいいのです。

現時点における自分に徐々に確実に負荷をかけていきましょう。**能力のストレッチを繰り返すことで仕事のための足腰を鍛えて、最終的に「これ以上は無理」というところにまで上げていく**のです。

極端は弱者が強者に勝つための最高の武器

どのような分野であれ、自分を限界まで追い込んでいく経験を通じて、私たちには本当の自分というものが見えてきます。

そしてそれは、自分なりの価値観が確立していくプロセスでもあります。

仕事、趣味、恋愛……。いずれも頭で考えるだけでは、あるいは人に話を聞くだけではリアルな部分はわかりません。

私の場合は仕事を対象に限界まで挑戦してみたわけですが、それは自分にとって仕事というものが圧倒的に未知の分野であり、かつ長い時間、向き合う対象だと考えていたからです。

だから、きちんとした方向性を定めて、自分にとっての正解を探したかったのです。

人生は短距離走ではなく、むしろ長距離の旅だといえると思いますが、その長い旅を成功させるには、まず目の前の自分の課題にとことん取り組む必要があります。そこから逃げてもどこへも行けません。

そして、たとえ**現時点において自分の能力が他の人間と比べて低かったとしても、極端に振りきることで逆転は可能**です。

能力が優秀な人間の半分だとしても、倍の時間を投入することで互角に戦えるはず。働きはじめたとき、私はそういった認識に立って、誰よりも多くの時間を仕事に投入しようと決意していました。

まわりが休むのなら自分はこのときとばかり仕事をする。人が飲みに出かける時間も自分は仕事をする。

よい大学を出ているわけでもなく、売りになるような経験も人脈もまったくないので、一流大学出身者に勝つにはそうするしかないと思っていたのです。

自分の弱さをキチンと理解したうえで、対策を練る。

極端に振りきることは、まさにそういう中から生まれた方法論です。持たざる者の究極の生き残り手段だともいえます。

現在「できる人」だって、生まれながらに「できる人」だったわけではありません。自身の弱さや至らなさを認識し、そのうえで強くなるための方法論を編み出し、実践した結果として高いスキルを身につけているのです。

あなたは自分を「できないことだらけの人間」だと認識しているかもしれません。でも、能力の過不足に思い悩む必要はありません。まわりと同じようにできることがよいことではなく、極端こそが素晴らしい。

そういった認識からスタートしてみましょう。

第2章

極端に振りきるための方法

頑張るのがつらいときは「その先の自分」を想像してみよう

自分なりに考えて、「これぞ、自分が極めるべき道」という分野に絞って頑張ってはみても、どうも長続きしない。

あるいは、けっこう長く続けているのに、なかなか周囲から認められるようなレベルにまで行けない、という方も多いかと思います。

どんな仕事であっても、ズバ抜けた実力を有するプロとみなされるような状態に持っていくには、無数のハードルを越える必要があります。

分野にかかわらず、中途半端なレベルで挫折してしまうことは往々にして起こります。

極端に振りきるとは、要するに物事に明確に優先順位をつけること。ある種のストイックさが要求されます。**「やらない」と決めたことについては我慢する**必要もあります。

では、どうすれば自分のモチベーションを維持できるのでしょうか。

モチベーションをしっかり維持できる人とできない人、どこが違うのかを考えてみると、両者の決定的な違いは、**「その先の自分」が見えているか否か**（自分自身を客観視できているか否か）にあるということに気づきます。

極端に振りきれる人は、振りきった努力のその先にある、理想の自分像をかなり明確に描けています。だから極端な努力を継続できるのです。

到達地点がはっきり見えていると、当然ながらそこに到達するまではアクセル全開で突っ走れますし、仮に途中で寄り道しても、すぐにコースに戻って走りはじめることができます。

私自身の過去を振り返ってみても、どうして文字どおり血を吐くまで自分を追い込んで仕事と勉強に打ち込めたかというと、やはりその先の自分が見えていたからでした。

日々その**「理想の自分」と「現在の自分」を対比する**ことでモチベーションを維持

していたのです。

何かをはじめても中途半端で終わってしまう人の場合は、到達すべき場所がはっきり見えておらず、努力そのものが自己目的化しているのではないかと思います。

「このままじゃいけないと思って、とりあえずはじめてはみたけれど……」という状態かもしれません。そこには極端に振りきるための動機がありません。

また、なかには英会話学校に通ったり、資格試験の予備校に通ったりすること自体で満足してしまって、それ以上の努力をしていないように見える人もいます。

最初のアクションを起こした段階で、なんとなく満足してしまっているのです。そうなってしまうのも、おそらく理想の自分像を描けていないことの結果ではないかと思うのです。

人間だれしも「自分はこれでいいのだろうか」とふと考えてしまうことはあるでしょう。真摯《しんし》に生きようとしている人ほど、そうなるはずです。

そういう**迷いの時間に羅針盤となるのが、「その先の自分」のイメージ**なのです。

あなたがもっとも頼りにすべきナビゲーションです。

どこに向かって努力しているのかを見失ってはいけません。

魔法の杖《つえ》はどこにもない
～ＭＢＡ悲話

私は以前、複数の大学院や資格試験予備校のＭＢＡコースなどで講師として教えていた経験があります。またセミナー登壇者としてＭＢＡ取得をめざす学生たちと接する機会もありました。

昼間は社会人として会社に勤務しながら、夜間や週末に学校に通っている方たちがマジョリティですから、基本的には学ぶことに対するモチベーションが高い部類の方たちが多かったのはいうまでもありません。

ですが、そういう母集団であっても、みながみなＭＢＡを取得できたわけではありません。そして、ＭＢＡ取得後に学んだ知識を活用し、転職などでステップアップできた方となると、ほんの一握りという印象です。

「その先の自分」がイメージできている人（自分自身を客観視できている人）は、毎年、新たなＭＢＡホルダーが数万人単位で生まれる中で、**どうやって自分を差別化するか、**最初から非常にリアルに考えています。

ＭＢＡという学位だけに頼らない思考をしているわけです。

一方で、ＭＢＡそのものが以降のキャリアを切り拓いてくれる「魔法の杖」であるかのように錯覚してしまっている方もいました。

資格をとった直後からはじまる有資格者間での苛烈な戦いをどう勝ち抜いていくか、といったようなことにまでは考えが及んでいないのです。そして気がつけば、星の数ほどいるＭＢＡホルダーの海に溺《おぼ》れているという状態になってしまう。

実際に、多額の学費を払って海外の名門ビジネススクールでＭＢＡをとったのに、その後の求職活動に失敗して前職よりも年収が下がったという話はよく聞きます。

どんな難関資格であっても、世の中に有資格者があふれている以上は需要と供給の関係できびしい競争にさらされます。そのような状況の中で、きちんとステップアップにつなげるには、早い段階から「その先の自分」を明確にイメージする必要があるのです。

理想とする自分が描けているか否かにより、結果に大きな違いが出てくるわかりやすい例だと思います。

いつも忙しい社会人がしっかり勉強時間を確保する方法

将来のために集中して勉強したいという気持ちは持っているのだけれど、どうしても時間が確保できないという人も多いと思います。

本書の読者の大半は職業人としてご自身の仕事を持たれているでしょうから、どうやって時間を確保するかは共通の課題だと思われます。

やはり何かについて極端なレベルで学び、その分野における本物のプロになろうとするのなら、そのために**「どれだけの時間を投入できるか」がカギ**となります。時間術は、成功のための前提条件といえるかもしれません。

社会人の学びは、学生のときとは大きく異なります。とくに以下の二点を意識して方針を固める必要があります。

1　社会人は学びに投入できる「時間」が圧倒的に限られている。

2　社会人の学びには「終わり」がない。

1についてはよく肝に銘じておく必要があるでしょう。

学びに割くことのできる時間が限られる社会人にとって、時間捻出《ねんしゅつ》のための創意工夫は不可欠です。

これについては、以下の三点が重要です。

1　仕事に直接関係する分野を学びの対象とする。

2　日々のルーチンに学びの時間を組み込み、他は逆算で考える。
3　スキマ時間を活用する工夫をする。

まず一番目の対象とする分野についてですが、これはやはり自分の仕事と何らかの関係がある分野を学びの対象とするべきだと考えています。

むしろ、そうするしかないと断言しておきます。

なぜならば、そうすることで**「学習×実践」のループを回す**ことが可能となり、圧倒的に学ぶ効率がよくなるからです。

業務に役に立つ知識をオフの時間にしっかり学び、その学んだ知識を実際の業務で使って血肉化する。そこで足りない部分が見つかれば、また学ぶ……。これが「学習×実践」のループです。

私自身、そうやって学んできました。

仕事と学びの双方に関係があれば復習や応用も随時できますし、**勤務時間も広義の「学習時間」となります。**社会人としてのディスアドバンテージである時間のなさを克服することができるのです。

難しく考える必要はありません。

たとえばあなたが営業マンだとしたら、自社のプロダクトだけでなく競合他社のプロダクトについても徹底的にリサーチすることからはじめてみてはいかがでしょうか。そうすることでマーケットの全体像、業界が置かれている現状をつかみ、顧客の問題解決に自社のプロダクトがどう役立っているのかを改めて検証してみるのです。自分の足元から学びをスタートさせるわけです。

自分の仕事と関連のある分野を学びの対象とすべき理由は、さらにもう一つあります。

あなたの仕事が何であれ、実際の会社での業務を通じて得た知識だけではどうしても偏《かたよ》りが生まれるのです。自分の勤務先独自のやり方を一般的な方法だと勘違いしてしまう可能性もあります。

ですから、オフの時間を使って自分の専門分野について体系的に学び、**何が「一般解」で何が「特殊解」なのかを知っておく**ことが大切なのです。

メジャーな方法論を体系的に理解したうえで特殊な事象に対応するための固有の方法まで把握しているのと、ただ固有の方法だけを知っているのとでは、業務への対応力がまったく違ってきますし、転職などに際しても大きな差が生まれます。

あいまいな望みを託して自分の仕事と関係のない分野に手を出したりせず、自分の仕事に関係することを学びの対象とするべきなのです。

学習時間「天引き生活」のすすめ
～メリハリの作り方

この項では、社会人の学びにとって不可欠なルーチン化についてご説明しましょう。

忙しい社会人が学びの習慣をつけるためには、学習時間を「天引き」するしかないと私は考えています。

つまり、**すべての人間に平等に与えられている二四時間から、最初に学習時間を差**

し引くということです。

私自身、学生時代に一日三時間は学びの時間を確保していました。この場合、私の一日の持ち時間は二四時間マイナス三時間で、一日二一時間ということになります。

一日二四時間のうちの三時間は最初から「ない」という前提で、スケジュールを設定するということです。

そうすることで、生活はどう変わるのでしょうか。

学びの時間がまちがいなく確保できるのはいうまでもありませんが、**生活に一気にメリハリが生まれる**のです。

ダラダラとネットやテレビを見ることもなくなります。職場の飲み会や上司との夜の付き合いも避けたいと思うようになるでしょう（この「飲み会問題」については次項で私の考えをご説明します）。

つまり、否応なく自分の価値観に応じた優先順位で生きるようになるということです。

社会人は学生と異なり、**一日の時間割を自分で考える必要があります**。であるからこそ、こういった工夫が求められるのです。

会社の飲み会には出る必要なし！やらないことを決めるのも重要

ここで社会人の時間割を狂わせがちな、同僚や上司との飲酒・飲み会について考えてみましょう。

私はとくに職場の飲み会については否定的に考えています。日々の業務を通じてコミュニケーションを図っていれば、その延長戦のような社内飲み会に参加する必要はないと考えているのです。

「酒の席でなければ腹を割って話せない」というような言葉を耳にしますが、**会社の問題が酒の席で解決することはありませんし、飲まなければ本音を話せない人間はプロとはいえません。**

会社員が昼間、仕事の場面で「本当の自分」を出せていないのだとしたら、その状況こそ改善すべきなのです。

それに、職場の人間関係に問題があるのなら、お酒の席でその場限りの親近感を演出したところで本質的な解決にはならないでしょう。

以上が「飲み会否定派」としての私の基本的な考え方ですが、とはいえ、すべての飲み会に不参加を決め込むのは非常に気が引ける、という方が多いのも理解できます。

であるならば、せめて「ここぞ」というときだけ、つまり自分にとって学びの機会がありそうな会にだけ、例外的に参加するということにするしかありません。

ふだんの業務では会話もできないような他部署の先輩や役員が参加する場合にだけ参加するとか、自分とあまり接点のない社員が参加する場合にだけ参加するとか、**飲み会の参加にも学ぶ目的を意識する**といいでしょう。

また私は若いころ、「人の仕事を引き受けて送り出す側にまわる」ということもやっていました。同僚の仕事を引き受けて、「あとは私がやっておきますので、出かけてください！」と笑顔で送り出すのです。ある意味で、win-winの関係といえるかもしれません。

まわりが酒を飲んでいるあいだにガンガン仕事をして、自分の仕事上の能力を伸ばせる状況にウキウキしていた記憶があります。

同僚の仕事を引き受けるところまでいかなくとも、あなたがはっきり「業務に関する勉強をしたい」と言えば、周囲もそれを邪魔してまで飲み会に誘うのは悪いと思うでしょう。

多少つきあいの悪いやつだなと思われても、仕事における自分自身のバリューを高め続けていけば、いずれにしても、あなたはやがて会社の中で無視できない存在になります。

限られた時間で結果を出すためには、「何かをやる」という習慣を固めるだけでなく、**「何かをやらない」という習慣をつける必要もある**のです。

日々の「スキマ時間」は工夫しだいで無限に活用できる

社会人にとって死活的に重要なのが、「スキマ時間」の活用です。これができるかどうかで投入できる学習時間に大きな差が出てきます。

私たちの一日には、膨大なスキマ時間が埋まっています。通勤時間や乗り物で移動している時間だけではありません。アポの待ち時間、会議の前の時間、ランチを頼んでから出てくるまでの時間……。

スキマ時間を有効活用するうえで大切なのは、**スキマ時間中の作業効率をいかに高めることができるか**です。せっかく五分確保できたのに、作業開始までに一分かかっているようではいけません。

少しずつ読み進めたい参考書があるのであれば、キンドルに入れたり、タブレットにPDFで保存したりして、いつでもどこでもすぐに開ける態勢を整えておく。そういった工夫が必要なのです。

Ｗｉ－Ｆｉ環境があればいつでも気軽にユーチューブなどにアクセスしてセミナーや語学などの映像を見るといったことも可能でしょう。

私が若かったころはそういったガジェットが存在しませんでしたから、分厚い教科書を縮小・両面印刷したコピーを持ち歩いていたものです。これであれば満員電車でもすぐに開けますし、歩きながらも片手で持てます。そのうえ簡単にメモもでき、効率的だったのです。

なお、移動時間を有効活用という視点では、移動中は仕事のできる上司にどんな本を読んでいるかや、勉強法についてヒアリングするといった行為も有効です。スキルのある人が近くにいるのであれば、その時間を学びに変えてしまいましょう。

スキマ時間そのものは意識さえしていれば、日常のいたるところに発見できます。ですから、その時間を効率的に過ごすための工夫が欠かせないのです。

どこまでやればよいのか？
答えは「自分の限界まで」

時間を有効に使うための心構えは以上のとおりです。

では、どこまでやればよいのでしょうか。

先ほど社会人の学びには終わりがないと述べました。定期的にテストで点数がつくことはなく、偏差値のような統一基準で全体の中における自分の位置がはっきり示されることもありません。

社会人としての自分を評価するのは究極的には自分なのです。

つまり自分自身でハードルを低く設定してしまうと、それ以上は望めなくなるということです。自分が設定した基準（どこまでできるようになれば自分で納得できるかの基準）が高ければ、それだけ上に行ける可能性も高いということです。

限界まで挑戦した結果として、人間は成長していくものだと私は考えています。つまり、「**オーバーヒートした回数**」**で人は成長する**のです。

とことんやってみて、失敗もして、そのうえで自分というものを知る。

ですから仕事力を高めていきたいのであれば、つねに「この仕事をうまくやれるだろうか」「自分には無理かもしれない」と思えるレベルの仕事に挑戦しつづけるべきなのです。

簡単にこなせる仕事や、ちょっと頑張ればできてしまう仕事を繰り返していても、自分の可能性を引き出すことはできません。「脳みそに汗をかく」レベルの仕事に挑戦し、それをなしとげてはじめて成長できるのです。

失敗することを避けようとしてはいけません。**失敗というのは「軌道修正」するためのきっかけにすぎない**のです。

私自身、そうやってつねに一段階以上「上」の仕事を意図的にこなすように心がけてきました。二十代のうちはとくにそうでした。

第1章で述べたように、私は会社上場のための業務をみずから志願して引き受けたわけですが、当然その段階で私に十分な知識があったわけではありません。

やりながら足りない部分をどんどん勉強したり、社外の詳しい人にレクチャーを受けたりもしながら仕事を前に進めていったのです。前述した「学習×実践」のループです。

当然ながら、たいへんなプレッシャーがありました。時間なんていくらあっても足りない状態です。しかし、つねに自分の能力が伸びている実感があり、それがとても楽しかったことを覚えています。

自分の「コンフォート・ゾーン（Comfort Zone）」から足を踏み出してはじめて、人は成長できるものなのです。コンフォート・ゾーンとは、字義どおりには居心地がよい場所という意味ですが、つまりは「楽ができる場所」のこと。ぬるま湯につかっていて成長できるわけがありません。

逆の言い方をすれば、**仕事をするうえでは、「不安を感じるくらいが、ちょうどいい」**ということです。

わからないことは必死に学ぶ。うまくできないことは、できる人に質問する。そうやって自分の力を伸ばしていけばいいだけです。

私も若いころは、「エクセルでこういう計算をしたいのですが、いいショートカットはありませんか」といったレベルのことも、どんどん詳しい人に質問していました。生き方や働き方を人に聞いてはいけませんが、仕事を進めるうえで必要な方法論・スキルは遠慮なくできる人に聞いてみればいいのです。

会社にはいろいろな能力を持った人たちがいます。自分の中で分野ごとに「この分野なら、あの人に質問してみよう」という人材のポートフォリオをつくっておくと、かなり楽になります。そうやって、やがてはあなたも「質問される人」になっていくのです。

ちなみに**「仕事ができる人」というのは説明上手**であることが多く、加えて自分の手法を人に話すこと自体も、決して嫌いではありません。

若い方の中には、仕事でわからないことがあってもなかなか周囲に質問できない、という人が多いようですが、能力のある人にはどんどん質問しましょう。

怖いのは最初だけ。不安を感じながらでも一歩を踏み出して、一つ上のレベルの仕事に取り組むことを自分に課し続けていくと、その楽しさもだんだんとわかってきます。そうなればしめたもの。あなた独自の成長のループができあがるのです。

自分へのご褒美《ほうび》として自分にかける負荷のレベルを上げる

心構えということでつけ加えると、とくに若いうちは**簡単に満足してしまわないことも重要**です。

自分へのご褒美という言葉がありますが、社会人の学びには終わりがないわけですから、**何かをなしとげた自分へのご褒美は、「さらに上のレベルの学びに時間を費やす」というものであるべき**なのです。

MCJが東京証券取引所へ上場した日、私も上場セレモニーで鐘《かね》を鳴らすことができたのですが、その翌日からビジネススクールの調査を開始しました。MBA留学をすることが自分への「ご褒美」でした。

一つなしとげたら、即時に次のゴールに向かって走り出す。とくに二十代はインプットの期間ですから、休んでいる時間はないと考えていたのです。

つねにレッドゾーンの状態を意図的につくりあげることで、人は成長できます。

ですから、仕事で評価されたり昇進したりしたら、それまでの倍の仕事をこなすくらいの気持ちが大切です。会社のためではありません。あなた自身の成長のためです。

昇進や所属している会社で評価されることがあなたの人生のゴールではないはずです。**あなた自身が本来持っている可能性の限界点にまで到達することが、本来のゴールのはず**なのです。

小さなステップアップで満足している場合ではありません。

「個」としての成長を着実に、継続的に積み上げていくこと。今日の自分をつねに確実に超え続けること。

それこそが、「どこまでやればよいか」への答えです。

毎日少しでも前進していれば、可能性の限界点に確実に近づいていくわけです。毎日○×時間勉強すればそれで十分とか、資格が取得できたらOKとか、そういうことではありません。

もちろん、自分の努力の結果を図る尺度としての資格取得はアリですが、それは決してゴールではありません。

昨日よりも今日、今日よりも明日。

そのために、週一でもいいので、自分が何をやれたかを振り返ることが大切です。今週は何をやれたか、どうやって成長したか、確認するのです。

たとえば自分の成長日記をつけてみてはどうでしょう。前の週にはできなかった「会議で自分の意見を発言してみる」が今週はできた、といったレベルでかまいません。「上司不在時に自分一人で来客対応ができた」といった自分の「ちょっとした成長」の軌跡を記していくのです。

人間だれしもそうですが、油断するとサボってしまいます。だから、サボる隙《すき》を自分に与えないようにする工夫が大切です。

自分の時間割を管理し、到達度を把握する責任は、すべてあなた自身にあるのです。

自己満足な努力を避けるための幽体離脱のすすめ

もう何年も同じ仕事を頑張っているのに結果が出ない。

もう何年も英語の勉強に時間を費やしているのに話せるようにならない。

もう何年も資格試験の勉強をしているのに合格できない。


こんな悩みを、ときどき耳にします。

当事者としては深刻な悩みだと思いますが、詳しく話を聞いてみると、原因は非常に単純なケースが大半です。

視野が狭くなりすぎていて自分を客観視できていない、ということです。

つまり、努力のベクトルが間違っていたり、市場性やニーズがない場所で必死に結果を出そうとしていたり、ということが多いのです。

極端に振りきるというのは、何かに集中すること。ですが、視野が狭くなっていないかはつねに点検しておかなくてはいけません。

クールに客観的に自分自身を見ている「もう一人の自分」が必要なのです。つまり、**「幽体離脱した状態で自分をながめてみる」**ということです。

とはいえ、自分を客観的に見るのは誰にとっても簡単なことではありません。私は自分を客観視するための手段として、三五歳くらいまでは転職の意図の有無にかかわらず、毎年、職歴書を書くとともに、信頼できる転職エージェントとコンタクトをとって面談をしていました。

その一年の自分の成長の軌跡をチェックして、自分の市場価値が失われていないかを確認するとともに、自分がめざす方向性と労働市場の動向にズレが生じていないかどうかも確認をしていたのです。

成功するためには努力することが絶対に必要ですが、努力すればかならず成功できるかというと、もちろんそんなことはありません。

つまり、同じ努力といっても正しい努力と間違った努力があるのです。**努力するこ**

とが目的になってしまってはいけません。「頑張っている自分」に酔ってはいけません。

余計なことを考えずに時間と労力を投入するためには、自分がやっていることの方向性が正しいという確信が必要です。

熱い自分をクールに判断するために、ときどき幽体離脱して自分をながめてみる必要があるのです。

そのためには、仕事で活躍している人の特長を研究したり、めざしている資格があるのであれば、その有資格者で成功している人の特長は何かをあぶりだしたり、といった作業が有効です。

成功している人はどんなことを考え、何を実践しているのか。人に聞いたり本で読んだりして情報収集し、自分の現状、そして自分がいまやっていることと照らし合わせてみるのです。

自分にとってしっくりくる一流の存在に学ぶ

社会人にこそ学びが必要だと言うと、ときどき返ってくるのが「誰に学べばいいのですか」という質問です。

学ぼうとする対象が何であれ、本気で極めるための時間と労力を投入するわけですから、もっともよいのは、直接・間接を問わず、その分野で一流とされている人から学ぶことでしょう。

学ぶ相手を選ぶときにも、極端に振りきることが大切です。**一流の存在から独自のエッセンスを盗む**のです。

あなたの職場や身のまわりにそういう頭抜けた存在がいれば、その方に教えを乞うのがベストです。ですが、そういう恵まれた環境にいる方はそうそういないでしょう。

その場合は、たとえば書店に行ってあなたの関心がある分野で目覚ましい仕事をなしとげた方が書いた本を研究してみてはどうでしょうか。

自分にとってしっくりくる書き手が見つかったら、その方の書いた本をすべて徹底的に読み込み、さらには、その方のセミナーや講演会にも顔を出してみる、というのもアリです。

これは、二十代前半のころの私がやっていたことです。

そのときは、特定分野（たとえば戦略コンサルや財務分析という分野などです）で一流と目されている人たちの本はすべて読破するとともに、セミナーや講演会にも積極的に参加してみたものです。

ここで重要なのは、世間の評判でなく、**自分自身にとってしっくりくるかどうか（共感できるかどうか）で学ぶ相手を選ぶ**ということ。

繰り返しになりますが、仕事や人生において唯一の正解はなく、自分にとっての正解の形を追求するしかありません。

自分にとってしっくりくるプロフェッショナルや一流の方々の考え方や生き方を知ることは「その先の自分」をリアルに想像するための基礎的な情報にもなります。

極めたその先の状態はどんなものなのか。

その体現者である一流に触れることは、高いモチベーションを維持するためにも非常に重要なのです。

簡単にアクセスできるからといって、中途半端に何かを知っているというレベルの人に教えを乞うのは意味がありません。彼らから「その先の自分」を想像してみても、ワクワク感は感じられないでしょう。

向学心は持っているのに途中で挫折してしまう人というのは、ひょっとするとそこでつまずいているのではないか、と感じることがあります。**あなたが「その道のランキング一位」だと確信できる相手からのみ学ぶべき**なのです。

そんなに簡単に一流の人間と触れ合うことなんてできないと思われる方もいるでしょうが、工夫しだいで間接的に触れることは難しくありません。

書物だけでなく、現在はユーチューブなどの動画でもさまざまなセミナーを見ることができ、無料で海外の一流に触れることも可能な時代です。

以前に比べるとはるかに容易に各分野の一流にアクセスできる環境があるわけです

から、それを活用しない手はないと思います。

何が共通していて何がオリジナルか？「対極にいる一流」を知る

一流の存在に学んで、そのエッセンスを自分なりに理解できてきたと感じたら、今度はあえて、まったく違う方法論を持っている一流に触れてみましょう。なるべく対照的な方法論を持っている人のほうがベターです。

「対極の手法」を把握しておくということです。同じ目的地をめざすための別のルートを頭に入れておくのです。

なぜそれが大切なのか。理由はもうおわかりでしょう。

レベルが上がれば上がるほど、自分自身のやり方を客観視する必要があるからです。

何が違っていて何が共通しているのかを考えることで、一流に共通する考え方もわかってくるでしょう。それは自分オリジナルの意見の形成にも非常に役に立ちます。

前述したように、私は戦略コンサルとして働きはじめる前に、この業界の第一人者とされる数人をピックアップし、その方々の著作をすべて読破しました。

また、マッキンゼーとボストンコンサルティング（BCG）が業界の二大勢力とされていましたので、両社については徹底的に情報収集を行ない、その手法を研究しました。それぞれのエッセンスを学んで、いいとこ取りができればいいと考えていたのです。

その業界でトップレベルの人材や会社が共通して持っている考え方・手法は自分が今後業界で活躍するためにマスターすべき基本線ということになりますし、それぞれで異なる部分はオリジナリティの確立に役に立つとも考えていました。

対極に位置する一流たちに触れることで、どのような切り口で自分を差別化するかの頭の体操に役立てたわけです。

直接的に教えを受ける機会はなくても、**数千円、いや下手をすると数百円で超一流の考えに触れることのできる書物というものの価値は大きい**と、当時も思ったものでした。

ちなみに私は二十代のころ、起業して成功した人たちの本を読みあさった時期もあります。事業そのものではなく、起業して成功した人たちに共通する要素を知りたかったのです。

面白くない本は一冊もありませんでしたが、とくにサイバーエージェントを立ち上げられた藤田晋さんの本や、「牛角」などを展開していたレックス・ホールディングス創業者の西山知義さんの本を興味深く読んだ記憶があります。

そうした私自身の経験からも、学ぶのであれば、その道を極めた極端な人から学ぶのがベストだと断言しておきたいと思います。

手始めに、**あなたが仕事をしている業界の中にいる「極端人研究」をしてみる**のはいかがでしょうか。あなたの琴線《きんせん》に触れる「ベスト極端人」を見つけることができたら、そこからたくさんの学びが生まれるはずです。

第3章

極端になるために避けるべきこと

熱血バカではなく「極端アーティスト」をめざせ

よく勘違いをされるのですが、「極端な人＝熱血漢」ではありません。

一つの事柄に集中して前に突き進む一本気な側面を持ちながらも、冷静にまわりを見て臨機応変に状況に対応できる「極端アーティスト」が私たちの理想像です。

「理屈を言わずにとにかくやれ！」という昭和的根性論ほど危険な思想はありません。**結果が出ないのは頑張りが足りないからというのは、ブラック企業のロジック**そのものなのです。

情熱を持つのはとても大事ですが、自分の情熱に溺れてはいけません。「とにかくやれ」という熱血バカは、変化の激しい時代に生き残ってはいけません。

前章で述べたように、「幽体離脱した状態」で自分を見る目を養っておくことが重要なのです。

環境の変化に応じて戦術的な打ち手を変えられる柔軟な考え方が必要です。状況を見ながら自己分析を繰り返し、ときに行動を柔軟に変えられないと、どんなに努力しても報われる可能性は低いでしょう。

軌道修正することを怖がってはいけない

私自身は学生のころからずっと、将来はプロ経営者になるという目標を持っていました。ただ、**プロ経営者という「大所高所のゴール」を見すえて猛勉強にとりかかってまもなく、大きく軌道修正した**経験があります。

当初は興味のあったマーケティング分野から勉強をはじめたのですが、勉強を進めるうちに、自分にはマーケティングを極めるために必要な「数値を分析するスキル」がないことに気づいたのです。

ということは、すべての経営判断の基礎の一つとなる数字を理解する能力もないということになります。それではマズイと考えて、会計やファイナンス分野をターゲットとして選びなおしたわけです。

その後、ＭＢＡ留学時に改めてマーケティングの勉強もしたのですが、数値スキルを磨いていたおかげで理解が非常に容易だったことはいうまでもありません。

もし、あのとき「一度、学ぶと決めたのだから、自分は何が何でもマーケティングをやる」という姿勢を貫いていたとしたら、私のその後のキャリアはずいぶんと苦しいものになっていたはずです。

また、新卒でベンチャー企業に入社して一年ほどで「より成長できる」と思えた会社に転職するなど、自己の成長に関しては大きな修正からミクロレベルの軌道修正まで、むしろ果敢に行なってきました。

自分は何のためにそれをやっているのか。何をやるにしても、**自分の目的地を見すえた努力が必要**なのです。

ちなみに私が学んでいたケンブリッジ大学の大学院では非常に多岐にわたる分野の

研究をすることができ、その先のＰｈＤコースも幅広く提供されていました。

その中で、とある社会人経験者の方が非常にニッチな分野を熱心に研究されていて、周囲の人間は私も含め、どのように仕事に結びつけられるのだろうかと思っておりました。

もちろん仕事に結びつけることだけが研究の目的ではありませんし、研究そのものの価値は当然あるわけですが、その方は御自身の研究を活かして仕事をすることを希望されていました。

ですが結局、卒業直前になっても適当な職が見つからず、「どういう会社であれば、自分の知識を活かせるかわからない」と嘆かれていたものです。

特定の分野を極めるために情熱を傾けること自体は悪くないのですが、**その先の展開であったり、その分野そのものの需要であったりを冷静に見ておかないと、結果に結びつかない努力になってしまいます。**

努力を結果に結びつけるには、たゆまざる検証と創意工夫が不可欠なのです。

あなたを理解してくれる人は「いても、いなくても」問題ない

自分がやっていることを誰かに理解してほしい。そして、できることなら称賛してほしい――。

人間だれしも承認欲求がありますから、そういうふうに思ってしまうのは、ある意味では自然なことでしょう。物質的な欠乏感からは解放された時代ですから、さらにそうした欲求が強まっているのかもしれません。

ただ、**極端に振りきる生き方を選ぶのであれば、そうした承認欲求をいったん棚上げする必要があります。**

理解してくれる友人は「いても、いなくてもいい」と腹をくくるのです。

あなたがめざすゴールが個性的であればあるほど、その到達点について賛同してくれる友人は少なくなるはずです。

そして、それで問題ないのです。

なぜならば、それはあなたが極端に振りきったゴールを設定できている証《あかし》だからです。

まわりにいる人間がこぞって賛同してくれるようなゴールはオリジナルなものではありえません。 それは誰かのゴールの焼き直しであり、多くの人が通ってきた道なのです。

王道キャリアをめざすのが決して得策ではない理由

競争の激しい現在の世界において、サバイブするための最善の方法は極端に振りきって異色の人材になることです。手垢《てあか》のついた王道を歩むことほど危険なことはありません。

王道というと、まるで成功が約束されているルートにも思えますが、それは「相対的にめざす人の母数が多いから、うまくいっている人の数も多い（目立つ）コース」なのです。

また**王道とは、自他ともに認める秀才が集まってくる、いわばもっとも過酷な競争にさらされる場所**でもあります。

もちろんその激戦区の中で勝ち上がっていくエリート中のエリートもいるわけですが、私を含め大多数の普通の人間にとって、王道コースで勝負するのは賢明とはいえません。

他人がやらない方法論で、異色の人材となることをめざすほうが勝率の高い戦いになるはずなのです。

「異色の」という表現を使うと、社会に背を向けて生きるアウトサイダーをイメージされる方もいるかもしれませんが、**ポイントは「社会との接点」をつねに意識するということ**です。

つまり社会に対して（あなたが会社員であれば、現在、自分が勤務している会社に対して)、明確な価値を提供できる分野を確保し、その分野を極めて異色の人材となるということです。

決して社会に背を向けるのではありません。繰り返しになりますが、自分が価値を提供できる分野に需要がなければ意味はありませんから、つねに社会状況への目配りは万全にしておく必要があるのです。

まわりから「それは、いいね」と賛同されるようなキャリアの選択は危ないのです。そして、社会的な需要をまったく考慮に入れないキャリアの選択はNGです。

先輩の意見や世間の声をいちいち真に受けてはいけない

「先輩の言うことをよく聞きましょう」という言葉に従っていいのは、学生時代までです。

あなたの先輩が持つ「経験値」の有効範囲は、社内のみに限定されている可能性があります。

「本人にとっての仕事の常識＝上の先輩の仕事の常識＝その会社だけの常識」という図式だったりするものです。

基本的な認識としては、先輩というのは「早々に超えるべき対象」であって、決してありがたくお話をうかがう存在ではありません。そして当然、真似をする対象でもありません。

「世間の声に耳を傾けましょう」というのもよく聞く言葉ですが、**世間の声に耳を傾ければ傾けるほど極端とは対極の没個性の人生になります。**

「みんなが言っていること」を鵜呑《うの》みにして成功した人はいません。そして、**「みんながやっていること」をやって成功した人もいません。**

私はこれまでの著作でも「逆張り戦略」の重要性を説いてきましたが、逆張りできる分野で極端に振りきることほど効率のよい努力はないのです（ただし、社会的需要がない分野で逆張りしても骨折り損になる可能性が高いのは前述したとおりです）。

とはいえ、もちろん世の中の流れを読むことにも大きな意味があります。流れに従うためではありません。チャンスを見出すためです。

この点について、次項で具体的にご説明しましょう。

「みんながやっていること」の意味
～私が英語と数値スキルを選んだ理由

先輩の意見や世間の常識にしたがう必要はないと述べてきました。ですが、集団から抜きん出るためには、**世間の大勢がどうなっているかをしっかりと見ておくことが不可欠**です。

どうやってオリジナルの戦略を構築するか。極端に振りきる最初の段階で、世の中の「みんながやっていること」は何か、そして、なぜそうなっているのかを考えてみることは有意義です。

第1章で述べたとおり、私は大学時代に英語と管理会計を中心とした数値スキルに絞って猛勉強をはじめました。この二つを選んだ理由はいくつかありますが、大きかったのは、そうした観点から得た気づきでした。

まず英語について述べると、**いわゆる一流大学を出た学生でも英語ができる学生が非常に少ない**ということに、あるとき気がついたのです。

きっかけは、日経新聞を読んでいて、日本IBMが管理職への昇格の基準としてTOEICスコア七三〇以上を義務づけたという記事を目にしたことでした。

「えっ、そんなもんでいいの?」というのが、そのときの正直な感想です。

実際に受験されたことのある方ならおわかりになると思いますが、TOEICスコア七三〇というのは、仕事で使えるレベルではありません。

有名大学卒の社員であふれている名門の外資系企業ですら、この程度の基準でしかないのなら、あとは推《お》して知るべしです。

また当時は英会話スクールが派手にテレビコマーシャルを打っている時代だったのですが、そこに有名大学の学生もかなり通っているという話も耳にしていました。

そこで、**英語というのは、通っている大学のレベルに関係なく「みな平等に、ろくにできていない分野である」ということに気がついた**のです。

ドングリの背比べからスタートするのなら、これから頑張って極めた者にチャンスがあるはずだと、私は判断したのです。

そして数値スキルです。

マーケティングの勉強をはじめてみて、数値を分析できるスキルの重要性に気がついたということを述べましたが、じつはこの分野も英語と同じで、たとえば公認会計士試験などを受ける学生は、どんなに有名な大学の学生でもかならず予備校に通っていることに気がついたのです。

これまた通っている大学のレベルにかかわらず、「平等にできない分野」だったのです。

ビジネスパーソンとしては必須スキルの一つなのに、大学での勉強が有効ではない。

つまり**大学の外での「場外乱闘」に持ち込める分野、やったもん勝ちの分野**だったのです。

世の中の流れを俯瞰《ふかん》して見ることで、自分がそこからどうやってはみ出していけるか、どうやって存在感を打ち出せるかがわかってきます。「個」として極端に振りきるために、世間のあり方を観察しておいて損はありません。

「あのときの自分」の夢よりもいまの夢を小さくしてはいけない

あなたは学生時代に、自分の将来についてどのような夢を持っていたでしょうか。そして現在、その夢はどうなっているでしょうか。

社会人になり、いろいろと厳しい経験も積み重ねて、かつて描いていた夢がどんどん現実的になり、スケールダウンしてはいないでしょうか。

小学生のころに抱いていた非現実的な、文字どおりの「将来の夢」と比べる必要はないと思いますが、自分の進路をリアルに考えるようになる十代後半あたりに抱いた夢と比べてみて、あなたの現在はいかがでしょうか。

「幸せな人生」の定義や基準はいろいろとあると思いますが、私にとって「幸せな人生」の基準の一つは、まさにその部分です。

つまり、**現時点で自分が抱いている将来への展望や夢は、若き日の自分の夢よりも大きなものかどうか、**ということです。

現在のほうが大きい夢を持っているということであれば、それは自分自身が成長を続けている証といえます。

それは、一つの目標をクリアすることによって、まったく違った景色が自分の中で見えるようになり、その結果としてさらに大きな夢を設定することが可能になったという状態だからです。

視野が広がり、自分自身の考え方がスケールアップした状態ともいえますから、それはまごうかたなき成長の軌跡といえるのです。

反対に、夢が小さく現実的なものになっている場合、大人の人生を歩む過程で「あきらめること」がどんどん増え続けている状態といえます。

「もともと、そこまでの能力はなかった」「時代が悪い」「環境が悪い」「うまくいっている人間は運がいいだけ」……。

そういった言い訳を重ね、「大人になるということは現実的になるということ」という大義名分で、ファイティングポーズをとることをあきらめている社会人は少なくありません。

学生時代、私のまわりには「就職して二、三年後には海外のビジネススクールに行く」と言っていた同級生が非常に多くいました。しかし結局、実行できたのは私を含め二人だけです。

海外に行かなかった理由は「忙しい」を含めてそれぞれですが、少なくとも**「忙しい」という理由であきらめてしまう程度の夢や情熱なら、本気ではなかった**ということになります。

その他にも、「起業する」「プロ経営者になる」「三十代で別荘を買えるくらいの金持ちになる」と、人それぞれに自分の夢を語るのを聞きましたが、実現した人はいません。

私が学生時代に考えていた夢（親しい友人にも宣言していたもの）は以下のようなものです。

――ベンチャー企業に入って仕事と勉強以外のすべてを捨てて修業し、会社と経営のリアルな場面を体験する。その過程では誰よりも仕事をし、誰よりも早く昇進する。

――その後、ビジネススクールに行って経験の「棚卸し」をする。

――将来的にプロ経営者になる準備をすべく、戦略コンサル会社に入ってさまざまなステージのさまざまな会社の経営の現場に飛び込む。そこでも最短で昇進を狙う。

――三五歳までにこれらをなしとげ、次の成長のステージの基礎固めを行なう。

実際に私は、二十代で上場企業二社の役員を経験し、二八歳でケンブリッジでMBAを取得し、そしてその後、戦略コンサル会社では最年少記録の三二歳でディレクター職に昇進、その後プリンシパル職にまで昇進できました（ディレクター職は一般企業の部長程度の職、プリンシパルは役員手前にあたります）。

学生のころに抱いていた大きな夢を、何とか超えることはできたかなと思っています。

夢を設定する責任も、かなえる責任も自分にあります。大人になるとはあきらめることでは決してないのです。

若いころに思い描いていた自分を超え、子供のころに見ていた夢よりもさらに大きな夢をいまの時点で持てていれば、成功した大人の人生を歩んでいると断言できるでしょう。

世の中がチャンスに満ちているかどうかは、自分の気持ちしだいです。そして、**モチベーションの維持に必要なのは、自己否定と自己肯定のあいだでうまくバランスをとること。**

大きな夢を持ち続けるためには、やはり、まわりの声や意見をある程度無視する意志力が大切です。世の中には「大人になる」「現実的に生きる」という大義名分を掲げてあきらめを推奨する声が大きいのが現実だからです。

理想とする「その先の自分」と現状との距離をしっかり認識しながら、つねに自分で自分を応援する心構えを持ちたいものです。

第4章

極端な仕事術&勉強術

自分で設定するハードルはギリギリまで高くする

「○×歳までに課長に昇進する」、あるいは「二〇××年までに△△の資格を取得する」というように、具体的に期限を区切って目標設定をすべきだという意見があります。

そのほうが効率的に能力を伸ばせるはずだという考え方です。

たしかにやみくもに前に進もうとするよりは、何かしらのマイルストーンがあったほうがよいという気持ちは非常によくわかります。

非常によくわかるのですが、**社会人としての目標設定において「他者に与えられた基準」や「世間で一般的に受け入れられている基準」をベースに自分の目標を定めるのはまったくおすすめできません。**

私自身も前章で最短での昇進をめざしてきた、という話をいたしましたが、これはあくまで自分自身が定めた、自分基準の目標なのです。

たとえば、あなたの職場に入社年次ごとの研修制度があり、あわせて資格取得などの規定もあるとします。

入社二年以内に簿記三級を取得する、といった社外の資格取得を定めていたり、または社内試験の受験・合格といったハードルを設定している会社もあることでしょう。

こういった制度は会社全体から見ると非常に大きなメリットがあるのですが、「個」の立場から考えてみた場合、**そこで定められているのは「最低限のハードル」である**という事実も忘れてはいけません。

それらの基準は、その組織で仕事をするために「最低限、ここまでやっておいてください」というレベルのハードルです。いわば仕事をするための免許のようなものなのです。

「ここまでできれば大丈夫！」と、一流の職業人のお墨付きを与えてくれるわけではありません。**ハードルをクリアしても、同じレベルに達した同僚が社内にあふれている**という状況なのです。

そのような同レベルの人材を育成するシステムの中で、人並みに基準をクリアしていくことに満足していては、一歩抜きん出たレベルに到達することはできません。

そういったハードルは余裕でクリアしたうえで、より高いレベルの負荷を自分に課すことが大切です。

ですから、たとえば「入社二年以内に簿記三級を取得すること」という社内基準があるのであれば、その程度は入社前に取得をしておくべきです。

課長昇進基準の一つに「TOEICスコア○○以上」というような規定があるのならば、ヒラ社員のうちにその基準はクリアしておくべきなのです。

そのうえで、たとえば簿記一級をめざすとか、TOEICスコアなら九○○以上をめざすとか、そういったキツめのハードルを自主的に自分に課すべきなのです。

繰り返しますが、社内基準というのは最低限度のハードルでしかなく、「ちょっと頑張れば、社員みんながクリアできる平均的なハードル」でしかないのです。

運転免許でいえば「免許は一応持っています」という状態です。自由自在にプロレベルの運転（仕事）ができるかどうか、そこが重要なのだということを忘れてはいけません。

学校の勉強においては「平均的な学生」のレベルに合わせてカリキュラムが組まれる傾向にありますが、社員教育においても事情は変わりません。

極端に振りきるには、自分自身でさらに高いハードルを設定し、そこを目標に努力していく姿勢が大切です。

社内で設定されている基準は「あたり」をつけるために使う

繰り返し書きますが、**社内基準はあくまでその組織内部の最低基準にすぎません。**

ですが、それらは、その会社での業務に必須であるからこそハードルとして設定されていることもたしかです。

ですから、それらは**自分が何を勉強すべきかを考える際の「参考」にはなる**のです。

参考にしたうえで、さらに上をめざすためのベンチマークにすることは有益でしょう。同じ資格のさらに上をめざす、関連する資格をさらに掘り下げてみる、といったことをするのです。

その意味では、たとえば入社前に会社の研修制度や教育制度を教えてもらい、勉強をするにあたっての「あたり」をつけておくというのはアリだと思います。

私自身、これまで勤務してきた会社すべてで入社前にそのような社内基準の有無を確認し、基準がある場合は可能なかぎり入社前に、そうでなくともすべて前倒しでクリアしてきました。

ビジネススクールにおいても入学前に課題図書などが指定されたわけですが、事前にすべて読破して、さらに上のレベルの本に取り組んでいたものです（『マクロ経済学の基礎』という課題図書があれば『応用編』も含めて事前に関連する本すべてに目を通しておくとか、そういったことをしていました）。

そういったことをやってきた結果、勤務した会社すべてにおいて最短・最年少で昇進できましたし、ビジネススクールにおいては周囲が徹夜をしている最中に余裕をもって英国暮らしを楽しめたのです（たまに驚かれますが、私にとってＭＢＡ留学は休暇も兼ねていました)。

ぜひ心にとどめておいていただきたいのは、**自分がどのレベルに到達できるかは目標設定の段階で決まってしまう面がある、**ということです。

一〇のレベルをめざすと、一〇には行けても一〇〇には行けません。

反対に一〇〇をめざせば、一〇〇はダメでも八〇、九〇には行ける可能性が高まる。

単純化して述べれば、そういうことです。

ちなみに転職などで自分が働く場所を選ぶ際には、その組織に自分が尊敬できるような存在がいるか否かを確かめておくことをおすすめします。自分の目標を定める際の「目線」を上げるためです。

その会社における一番の出世頭の年齢や勤務年数、仕事ぶりを聞かせてもらうといいでしょう。身近に具体的なライバル(目標)がいたほうがやる気が出るという方はとくに、試してみてください。

そういった**高いレベルの目標設定をすることで、本当の限界まで自分の能力をストレッチする習慣をつける**のです。

目標を設定した時点で結果が見えていることが理想

目標というものは当然のことながら「達成するため」に設定するわけですが、仕事にせよ勉強にせよ慣れてくると、目標を設定する段階で結果が見えるようになります。

志を持った社会人が「努力の習慣化」という行為を通じてめざすべき地点は、まさにこの「目標設定をした段階で結果が見えるようなレベル」です。

私の前職である戦略コンサルタル時代の経験ですが、最初のうちはクライアントである企業の経営上の課題をヒアリングしていても、解決策（ゴール）はもちろんのこと、どういう道筋で課題を分析していくべきなのかすらも、なかなか見えてきませんでした。

しかしコンサルとして経験を積み重ねていくと、最初にクライアントに話を聞いた段階で、ゴールの「あたり」がつけられるようになってきたのです。それができると、非常に効率よくプロジェクトを動かすことができました。

それが可能になったのは、自分の中で戦略コンサルとしての引き出し（類似の経験）が増えていったからだと思っています。たとえるなら、自動車の運転に慣れてくると、自然にブレーキをかけるタイミングなどが身につくのと同じかもしれません。

慣れることで、従来の自分になかった「先を見通す感覚」が生まれてくるのです。

慣れるためには数をこなすことが不可欠ですから、ある一定のレベルに達するまでは、経験値を上げるための「物量作戦」の時期を意図的に設けるべきです。

できるかぎり自分の引き出しを増やすための修業期間です。

ここでのゴールは、**自分の努力という原因（インプット）とその結果（アウトプット）の関係が見えるレベルにまで到達すること。**そうなると、勉強も仕事も大幅にスピードアップすることができます。

はっきりいえば、そこまで頑張れるかが勝負です。

少し自慢させていただくと、私はときどき「いちばん余裕がありそうに見えて、いちばん仕事のアウトプットを出している」と言われることがあるのですが、これは若いころ（いわば修業の時期）に、自分の中での引き出しをできるかぎり増やしてきたことが大きいのだと思っています。

どういうインプットをすればどういう結果が出るか。そこが見えれば、「個」としての仕事や勉強のスタイルを確立することもできるのです。

そうなれば、仕事も勉強も思いのままにこなせるようになるはずです。中途半端なレベルで止めるから、いつまでたってもキツイ思いをするのです。一刻も早く、限界まで引き出しを増やしてしまいましょう。

「なしとげるクセ」をつければマルチタスクが可能になる

できるだけ多くの仕事をこなして自分の中の引き出しを増やしたいのだけれど、なかなか複数の業務をうまくこなせない、という悩みをお持ちの方は多いかと思います。

勉強も仕事もマルチタスクで完璧にこなしている人を見て、なぜそういうふうにやれるのか、不思議に思われる方もいるでしょう。

マルチタスクをこなすためには、自分と周囲の作業の全体像をしっかり把握する能力があり、かつ優先順位をしっかりつけられる能力が求められます。

ですがそれ以上に、マルチタスクができる人とできない人を分かつ、非常にシンプルなメルクマールがあるのです。

一つのことを完璧になしとげた経験を持っているか否か、です。

いま現在、みごとにマルチタスクをこなしている人も、最初からできたわけではありません。一つのことを究極にまで突きつめて完璧にこなした経験があるからこそ、**インプット（作業量）とアウトプット（結果）の見通しができる**ようになり、自分の仕事スタイルを確立できたのです。

複数の業務を同時にこなすためのスピード感と精神的余裕は、そこから生まれてきているわけです。

したがって、「極端初心者」の場合は、いきなりあれもこれもと手がける対象を広げてしまうのではなく、まずは一つのことに絞って「徹底的になしとげるクセ」をつけなくてはなりません。

私自身も最初は、極端なレベルにまで極める対象は英語のみに絞っていました。大学一、二年のあいだは英語しか勉強していなかったといっても過言ではありません。前述のとおり、最低一日三時間のノルマを自分に課していました。

最初のうちは単語と熟語を徹底的に覚えるフェーズですが、このときも参考書を何冊も買ってきて書いて覚えるだけでなく、少し慣れてきたら英英辞書を「愛読書」にするところまでやりました。

当時は英英辞書を持ち歩いていて、電車の中でも読み込んでいたくらいです。

詳しい英語勉強法については拙著『非学歴エリート』（飛鳥新社）をご参照いただくとして、そんなこんなで生まれてはじめて飛行機に乗って海外に行った大学三年生の時点で読み書きはもちろん、ふつうにネイティブと会話できるレベルにまで到達していました。TOEICスコアも、大学二年生で受けた最初の受験で九〇〇を超えました。

余談ですが、レベルキープのためもあり、現在でも私のキンドルの中には英語の本しか入っていません。

そしてそうやって英語を極めてから、前述のとおり財務や会計といった数値スキル分野の勉強にも参入したわけです。ここでは、英語の教材で財務・会計を学ぶという方法で、極める対象を二つに広げました。

この時点では一日に最低でも三時間勉強するというノルマも自分の中では習慣になっていましたし、勉強をすること自体にも慣れていましたから、苦痛でもなんでもありませんでした。

むしろ新しいことを覚えることが楽しくてたまらなかったくらいです。

勉強だけでなく、仕事も同様です。いきなり極端に極める対象を複数持つのではなく、**一つの分野をとことん極めて、そこからどんどん幅を広げていく**というプロセスをとるべきなのです。

そういった意味では「急がば回れ」なわけですが、回り道でどれだけ困難に挑戦できるか（高いハードルを設定できるか）は自分しだいなことは前述のとおりです。

頭をフル稼働させる部分と仕組みで回す部分を見極める

マルチタスクで仕事や勉強をこなすためには、**個々の作業をカテゴリーに分けて、それぞれに対してどういったアプローチで臨むのがよいのかを考える**ことが不可欠です。

仕事も勉強も大きく分けると、付加価値が生まれる作業とそうでない作業に分類することができます。

前者の**付加価値を生む作業については、とことん頭と時間を使って最大限のアウトプットを出すことを狙う必要があります。**

後者については、いかに仕組みをつくって効率化を図るかが勝負になります。

たとえば英語の勉強。

ボキャブラリーを増やすという行為と、インプットしたボキャブラリーを使って文章をつくって相手に伝えるという行為の二つを比べると、本質的に付加価値があるのは後者のほうです。

とはいえ、単語を知らないことには文章も何もありませんから、この作業は効率的な仕組みをつくることを考えなくてはいけません。私は前述のとおり移動時間に持ち歩く本をすべて英語の本にして、英語を生活の一部としてしまうことで効率化を図っています。

職場での業務を例に考えてみると、たとえば、エクセルやパワーポイントといったOffice系の操作スキルも、その操作行為自体には付加価値はありません。

これらはあくまでもツールであって、本質的に付加価値が生まれるのはプレゼン資料なり分析レポートなりの内容なわけです。

したがってOffice系の操作行為も、効率化することが必須だということになります。

私は以前から、たとえばパワーポイントで資料を作成してうまくできた際には自分の「パワポネタブック」に保管しています。

それだけでなく、他人のつくったパワポ資料でよくできているものや、ネット上で見つけた上手くできているグラフなどもコピペして「パワポネタブック」に入れています。

良質なパワーポイントの基本フォーマット集を作成し、自分が使える基本的な表現パターンを増やしておくのです。

状況に応じて、使えそうな「ネタ」をベースにして作業することで、一から必要な図やチャートの形・表現などを考える手間を省くことができるわけです。

ソフト操作という付加価値を生まない行動を効率化して、本質的な「メッセージを考える・伝える」といった部分に自分のエネルギーと時間を投入するわけです。

付加価値を生まない行為は仕組み化・効率化を徹底し、一方で付加価値の生まれる業務については最大限の力を注ぐということです。

まずは自分の仕事の中身を分析し、どの部分が効率化対象で、どの部分が注力対象なのか、見極めてみてください。

意識的にやっているかどうかは別として、仕事ができる人というのは、その点の峻《しゅん》別《べつ》ができています。

反対に仕事ができない人、または努力しているのに結果が出ない人というのは付加価値のポイント、つまり注力するべき箇所を間違えているのです。

先ほどの資料作成の例でいうと、ビジュアル的には百点満点のきれいなパワーポイント大作を仕上げるものの、肝心の内容がいまいち、というようなケースです。

ここでもポイントは「何をやるか」「何をやらないか」をしっかり見きわめるということです。

先輩や上司の意見はいらない
～「意思決定難民」にならないために

仕事や勉強で壁にぶちあたったとき、誰の言うことを聞けばいいのでしょうか。

自分が迷っていることに関してアドバイスをもらおうといろいろな人に質問してま

わったところ、みんなが思い思いに違うことを言うので、結局どう行動をしたらよいかわからなくなるということはよく起こります。

いわば「意思決定難民」です。

困ったときは周囲の先輩や上司の言うことをよく聞いて……などと言う年長者がいますが、私はまったく同意できません。

厳しい言い方になりますが、**こと仕事の場においてお手本として見習うべき相手はたんなる年上の人ではなく、自分よりも経験・スキルが上の人のみ**であると、私は考えています。

先生という言葉を分解すると「先に生まれた」というふうに読めますが、社会人の世界において、先に生まれたとか入社年度が早いなんてことは何の意味も持ちません。

年下や年次が下の人間を相手にするととたんに偉ぶる御仁がいますが、そういった人は自分が年上であるということ以外に誇れるバッジがないから、そういった態度をとるのです。

経験値やスキルが高ければ、年齢に関係なくその人の言うことのほうが価値があります。**会社とはアウトプットの場であり、戦いの場ですから、それが当然**なのです。

やはりここでも、極端に振りきるべきです。一流の存在から学びましょう。一流に学べば、あなたが一流になれる可能性は高まります。

実際に私自身も、まったくの未経験で戦略コンサルの世界に飛び込む際に、斯界《しかい》のトップとされている方々の著作すべてにあたってみたのは前述のとおりです。

それがどんな分野であれ、**一流とされている人間の手法・思考法はその分野における模範解答**ですから、その分野において勝負をするつもりなら当然ながら念頭に置くべきなのです。

それ以外は、その分野においてはいわばベンチウォーマーなわけですから、マネしてはいけません。やってはいけないことを繰り返してきた模範的失敗例かもしれないのです。

自分自身の武器を磨く修業期間においては一流のエッセンスを十分に吸収し、一流に一歩でも近づけるような努力をするべきです。

第5章

極端なオフ時間の過ごし方

遊びは大人の特権！社会人こそ本気で遊ぶべき理由

学生に対して「社会に出る前に、しっかり遊んでおけよ」などとしたり顔で言う御仁がいます。遊ぶことは学生の特権であると思っているのかもしれません。

そして、本書をお読みいただいている方の中にも、「仕事が忙しくて、他のことをする時間も体力もありませんよ」という方がいらっしゃるかもしれません。

しかしながら私は、遊ぶこと（趣味に没頭すること）は大人の特権だと思っています。

知識もおカネもあり、自由に自分の時間をコントロールできる裁量を（本来は）持っている大人だからこそ、スケールの大きな遊びをすることができるわけですし、それは仕事にも人生にも確実にプラスの影響を及ぼすと考えています。

週末はお昼まで寝ていて、起きてもダラダラとテレビやネットを見ているといったような生活では、リフレッシュしようがありません。

それに、こんな週末の過ごし方をしていては、「仕事はつらいもの」という固定観念が自分の中に強固に根づいていく一方ではないでしょうか。

仕事以外の時間もアクティブに、極端に振りきるマインドを持って過ごしてこそ、充実した人生を送っているといえるのではないでしょうか。

しっかり本気で遊ぶから、本当の意味での気持ちの切り替えができる。そうすると、オンモードの仕事に対する活力も生まれてくる。そういうものです。

仕事も遊びも主体性を持って本気で取り組むことで、人生をエンジョイしましょう。

それが本来の社会人のあり方であり、あるべき大人の人生というものです。

この章では、オフの時間を極端に振りきることで得られるメリットをご紹介したいと思います。

つまり私は、「**大人なら、もっと遊べ」と声を大にして言いたい**のです。

「できる社会人」はなぜオフの時間を大切にするのか

前の章で社会人には時間割がなく、自分で時間割を設定する責任があると述べました。遊びについても同じです。

誰かがあなたのために楽しい時間を用意してくれるわけではありません。**あなた自身の力で、自分が気分よく遊べる状況を生み出すしかないのです。**

私たちは幸せになるために、それぞれの人生を生きています。みずからの責任と選択において仕事をする。そしてみずからの責任と選択において遊ぶ。それが人生を楽しむということではないでしょうか。

私自身は、三五歳までは仕事以外の優先順位を低くしてワークライフバランスをとることを先送りしてきました。

理由はただ一つです。

将来、万全を期して遊ぶためです。私は性格的に、仕事が中途半端なままでは楽しく遊べないことを自覚していたのです。

遊びもフルスロットルで、中途半端にならないようにするために、まずは仕事のほうを完璧な状態に持っていきたかったのです。

仕事において結果を出していれば罪悪感なく遊べますし、誰に文句を言われる筋合いもありません。

まずは一つのことを極めて、それから対象を徐々に広げる「集中戦略」については前章でご説明しましたが、人生においても私は同じ戦略を採用したということになります。

まずは社会人としての基礎部分である仕事を極めて、それから人生の幅を広げるための作業に本気で取り組んだということなのです。

私のまわりを見ても、仕事ができる人に限って遊んでいる傾向があります。いったいどこにそんな時間があるのか。どこからそんなエネルギーが出てくるのか。多忙な仕事の合間をぬって、周囲が驚くほど本気で遊んでいます。

仕事ができる人はみな遊びの達人であり、一流の趣味人であるようにも見えます。

しかし彼ら彼女らにしても、最初から両立できていたわけではなかったはずです。**圧倒的に仕事ができるから精神的な余裕も生まれる**のです。そして、遊ぶための時間とおカネも確保できるのです。

創造力が求められる「時間割設定」と「科目設定」

全力で遊ぶことは大人の特権です。ただし、その特権を享受するためには自分自身で「時間割設定」をし、そして「科目設定」をしっかりしなくてはいけません。

この点で、**遊ぶことは働くこと以上に難しい**といえるかもしれません。

だから「休みになると何をしてよいかわからない」と嘆いている人がたくさんいるのです。その一方で、前述のとおり全力で遊んでいる一流の職業人も多い。

大人にとって、しっかり遊ぶことはしっかり働くこと以上にクリエイティブさが求められるのは間違いありません。

仕事というものが大人にとっての必修科目である一方で、遊びは選択科目です。つまり、**「やらなくてもよいのに、わざわざやるもの」**であるがゆえの難しさもあるのです。

社会に出ればしっかり仕事をするもの。世の中がそう教えてくれます。

社会に出ればしっかり遊ぶもの。そうは教えてはくれません（そもそも、そんなふうに考えている人自体、あまりいません）。

だから難しい。そもそもそういうマインドがないうえに、時間を捻出する難しさがあり、さらに対象を選ぶ難しさもあります。さらにつけ加えれば、どの程度までおカネをかけるか、という問題もあります。

すべてを自己責任でやらなければなりません。

たとえば時間の捻出。社会人はつねに時間的な制約との闘いがあります。ですから、遊びの時間割をどう自分のスケジュールに組み込むかは重要な課題です。

私は**金曜日の夜から日曜日の夕方までを基本的に「遊びの時間」として確保**しています。そして、日曜日の夜からは基本的に仕事モードに切り替えて、遊びの予定を入れないことでメリハリをつけています。

金曜日の夜は、仕事関係の接待や飲み会の予定を入れません。土曜日に二日酔いや疲労で昼まで寝ているなんて状況は避けたいのです。私の場合は、むしろ週末のほうが早起きしています。

当然、一日をフルに使って遊ぶためです。

反対に日曜日に夜遅くまで遊んでいて、翌日の仕事に影響が出てしまう事態も避けられます。**日曜日の夜からは仕事モードにして、月曜日は朝一からフル回転で仕事を**しています。

いったん仕事モードに入ってしまうといろいろと気になってくる性格ですから、遊ぶときは徹底的に遊び、反対に仕事をするときは徹底的に仕事をするという時間割を設定しているのです。

時間のマネジメントに関係することでいえば、**「相手がいないと楽しめない趣味」**

は基本的には持たないようにしています。

たとえばちょっと前から巷《ちまた》で流行《はや》っているフットサルや、もっと伝統的なものでいえばゴルフやマージャンといった、基本的に複数人で時間を同時消費することを前提としているものなどです。

というのも、社会人たるもの当然それぞれの仕事があり、優先順位があります。忙しい人間同士、そう簡単に予定が合うとは限りませんから、自分が思いたったときにスケジュール調整しようとしても、なかなかうまくいかないものです。

そうこうしているうちに数週間、数か月がたち、ダラダラと休日を過ごすクセがついてしまいます。これでは「疲れた大人」まっしぐらです。

ですから、私は基本的には自分ひとりで完結する趣味を持つことにしています。

私はバイクが好きで、ときどき仲間とツーリングにも行きますが、これも「人数が集まればラッキー」という前提で考えています。そのくらいのモードのほうが都合がよいのです。

また天候や体調など、さまざまな阻害要因も考えておく必要がありますから、**異な**

る条件でワークしうるいくつかの趣味（遊びの対象）を持っておくことも大切です。

大人の遊びには、仕事と同じように工夫が不可欠です。

極端に振りきったオフの時間が仕事に大きなメリットをもたらす

仕事以外の時間を楽しんでいる社会人は、そうでない社会人と比べて圧倒的に魅力があります。

そういった人たちは話題も豊富ですし、何より「人生を楽しんでいる感じ」が相手にも伝わりますから、一緒にいて楽しいのです。

一緒にいて楽しいから仕事相手ともうまくいきやすく、よい結果にもつながりやすい。何か新たな案件があるときには声もかかりやすい。

仕事においても、プラスの循環が生まれるのです。

そして本人にとっても、「没頭できる対象」を仕事以外に持っていることで頭の切り替えにもなりますし、何よりもリラックスできる。リラックスできるから、仕事へも集中できるというプラスの循環がまわりだすわけです。

そういった遊びの達人に共通するのは、つねに積極的に何かを学ぶ姿勢を持っているということです。参考になりそうなら、立場に関係なく誰にでも話を聞くことができる人も多いという印象があります。

知的な好奇心が旺盛な方が多いのだと思います。

また趣味の世界では、年齢や立場に関係なく、「できる人」の意見を聞くという姿勢が大切なのもいうまでもないでしょう。

何歳になっても学べる人というのは、相手の立場や年齢に関係なく自分の知らないことを知っている人に質問できる人です。

職場で質問をすることの重要性を前述しましたが、仕事ができる人は仕事だけでなく、遊びにおいても質問を通じてより深く学び、より深く極めたいという好奇心を持っているのではないでしょうか。

その好奇心が新たな学びのきっかけをつくり、ひいては幅広い知識や経験をもたらすわけです。そういうふうにして、「大人としての魅力」を身につけていけたらいいと私は考えています。

次項から、ご参考までに私の趣味のいくつかをご紹介させていただきます。

加速感・スピード感を満喫する時間
～私とバイクの長い付き合い

私のいちばんの趣味はバイクです。

バイクとは高校生のころからの付き合いですから、もうかれこれ二〇年を超えるキャリアです（三五歳までは仕事に没頭してきた私ですが、バイクに乗る時間だけは確保してきました）。

バイクに対しても「集中戦略」を採用していて、これまでずっとカワサキのバイクを乗り継いでいます。

現在は、カワサキのＮｉｎｊａ　ＺＸ－10Ｒという一〇〇〇ｃｃの大型バイクに極端なカスタムを施《ほどこ》して乗っています。この車種はいわゆるスーパースポーツと呼ばれるタイプのバイクで（早い話がレースで使われるような「本気仕様」のバイクです）、極端な前傾の乗車姿勢と相まって長距離の運転は正直つらいものがあります。

しかしながら、このバイクのスピード感やコーナリング性能を含む操作の楽しさはズバ抜けていて、極端をモットーとするバイク乗りとしては挑戦せざるをえないわけです。メーカーの技術の結晶ともいえるバイクだから乗りたい。また、最高峰のバイクだから乗りたい、ということです。

あえて仕事に引きつけて述べさせていただくと、バイクに乗っているときに感じる加速感・スピード感というものは、仕事にも共通するように感じます。

引っ越しをする際も部屋を見るよりも先にバイク置場を見せてもらうほどのバイク好きで、すでに六十代になったら乗るバイクも決めています。バイクとは、まだまだ長い付き合いになりそうです。

限界に挑戦するクセをつける
〜筋トレと格闘技

私のもう一つのオフ時間の楽しみは筋トレと格闘技です。

筋トレは自宅にも器具を各種取りそろえて、週に三日程度かならずそのための時間を確保しています。

もはや趣味というより生活の一部ですから、すぐに取り組めるように自宅に器具をそろえておく必要があるのです。

筋トレの場合、やればやるほどさらに上をめざしたくなる点が、仕事と似ているように感じます。**ギリギリまで負荷をかけて、少しずつ自分の限界を伸ばしていくことで得られる達成感は格別**なものがあります。

それに、日常的に筋トレをするようになると、食事や睡眠などにも気を配るようになり、トータルで自分の生活をマネジメントする意識も高まります。そういう面では、忙しい社会人にこそ、おすすめの趣味だと思います。

そして格闘技です。現在は週に一回、ジムに通ってパーソナルトレーナーのもとでキックボクシングを習っています。

格闘技もけっこう長く続けていますが、これもどうせやるならば一流の人間の指導を仰《あお》ぎたいと思いたち、かつてK－1でも活躍した友人の小比類巻貴之さんや現役選手では藤田智也さんから毎回一時間みっちりと指導を受けています。

自分の「時間割」の中に身体を鍛えるための時間を確保したおかげで、完全に仕事一辺倒だった二十代のころより現在のほうが体調もずっとよく、ここ数年は風邪もひいていません。

毎日の仕事だけでも疲れているのに、オフの時間に身体を鍛えるなんて勘弁してほしいと思われる方もいるかもしれませんが、**フィジカルを強化するための時間を積み上げていけば、確実に疲れにくくなりますし、それは仕事上の戦闘力を高める**ことにもつながってきます。

全体を見る目と段取り力をつける
～料理が教えてくれること

バイクだ、格闘技だと男くさい趣味の話をしてきましたが、最後に正反対の趣味についてお話しさせていただきます。

じつは私は料理が得意です。家事についていえば、掃除や洗濯も嫌いではないのですが、やはり料理ほど楽しいものはありません。

家庭の事情で十代のころから食事は自分でつくらざるをえない生活でしたが、ある時点からはすっかり趣味になりました。いまも忙しい日々の合間をぬって料理を楽しんでいます。

美味しい料理をつくるために必要なのは、**的確なゴールの設定と段取り**です。そして、そのためには**全体感を持って対象に臨む**必要があります。

要するに、仕事とまったく同じなのです。

私の場合、平日にクイックにつくれる料理、週末に時間をかけてつくる料理、両方のレシピがたくさん頭に入っていて、状況と手に入る食材に応じていろいろとつくっています。

さらに私にとって重要なのは、料理をつくっている時間が、この上ないリラックスタイムにもなっているということです。仕事で熱くなっている頭をクールダウンする時間でもあるのです。

ちなみに得意なのはイタリアンで、最近はその延長線上でワインにも関心を持つようになりました。これまた非常に奥深い世界ですから、思いきり深掘りして自分の世界を拡げていこうと考えています。

以上、私なりの「極端な遊び」について紹介させていただきました。仕事に結びつけて述べさせていただいた部分もありますが、**基本的にオフの時間に何をするかは打算なしに決めるべき**だと思います。

「純粋に好きだから」に勝るものはありません。私にとってはとくにバイクがそうかもしれません。ですが考えてみると、仕事もそうなのです。

オンの時間もオフの時間も、大切なのは自分の評価軸をしっかりと持つこと。極端に振りきって充実した時間を過ごしましょう。

終わりに

自分が主役の人生を生きる。

これは口で言うほど簡単でありません。実際にそういう人生を生きていますと、胸を張って言える人は少ないでしょう。

世間や周囲の人間の価値観と折り合いをつけて生きていくしかない。そんなふうにあきらめている方もいるかもしれません。

ですが、あなたの人生において他人は脇役です。

まわりの環境に合わせて生きることで一時的な安心感は得られても、結局のところ私たちは、自分以外の何者にもなれません。

私たちにできることは、等身大の自分をみずからの行動によってパワーアップしつつ、「なりたい自分」に近づいていくことだけなのです。

自分が持っている可能性を最大限に伸ばしたい。

自分の限界の、その先を見てみたい。

私自身はそういった思いで、これまで一心不乱に努力を重ねてきました。

本文でも書きましたが、世間の仕組みなどろくにわかっていなかった「あのころの夢」よりも、現時点の夢や目標が大きい状態をこれからも維持したいと思っています。

それができているかぎり、後悔する人生とは無縁なはずですから。

やるべきは、極端に振りきる覚悟を持って目の前の状況に挑むことです。

そこから生まれる本気が、前に進むためのきっかけになり、結果につながります。

私自身がそうでした。

うまくいかないときもあるでしょう。嫌になるときもあるでしょう。

それでも、自分自身を信じて、無理やりにでもファイティングポーズをとり続けていれば、かならずやなりたい自分に近づけます。あなたの最大の応援団はあなた自身であるべきです。

いまからでも遅くはありません。

将来の自分は、「これまでの自分」と「これからの自分」の行動の積み重ねです。そして、後者はいくらでも変えることができます。つまり無限大の伸びシロがあるのです。

まずは自分自身を好きになり、心から応援してみましょう。

一歩踏み出したその先の景色は、あなたが想像する以上にまぶしいものになるでしょう。

あきらめるにはまだ早い。

前著と同じく、この言葉で本書を締めくくります。

著者略歴――――
安井元康　やすい・もとやす
MCJ社長。1978年東京生まれ。都立三田高校、明治学院大学国際学部卒業後、2001年にGDH（現ゴンゾ）に入社。2002年に株式会社エムシージェイ（現MCJ）に転職し、同社のIPO実務責任者として東証への上場を達成、26歳で同社執行役員経営企画室長（グループCFO）に就任。その後、ケンブリッジ大学大学院に私費留学しMBAを取得。帰国後は経営共創基盤（IGPI）に参画。さまざまな業種における成長戦略や再生計画の立案・実行に従事。同社在職中に、ぴあ執行役員（管理部門担当）として2年間事業構造改革に従事の他、金融庁非常勤職員等、社外でも活躍。2016年にMCJに復帰、2017年より同社社長兼COO。2014年より東洋経済オンラインで「非学歴エリートの熱血キャリア相談」を連載中。著書に『非学歴エリート』『下剋上転職』（ともに飛鳥新社）、『99・9%の人間関係はいらない』（中公新書ラクレ）がある。

極端のすすめ
やることは徹底的にやる、やらないことは徹底的にやらない

2018年7月19日　第1刷発行

著者　安井元康
装幀者　大場君人
発行者　藤田　博
発行所　株式会社 草思社
〒160-0022　東京都新宿区新宿1-10-1
電話　営業 03(4580)7676　編集 03(4580)7680

本文組版　有限会社 一企画
本文印刷　株式会社 三陽社
付物印刷　株式会社 暁印刷
製本所　加藤製本 株式会社

ISBN978-4-7942-2341-8 Printed in Japan　検印省略

造本には十分注意しておりますが、万一、乱丁、落丁、印刷不良などがございましたら、ご面倒ですが、小社営業部宛にお送りください。送料小社負担にてお取替えさせていただきます。

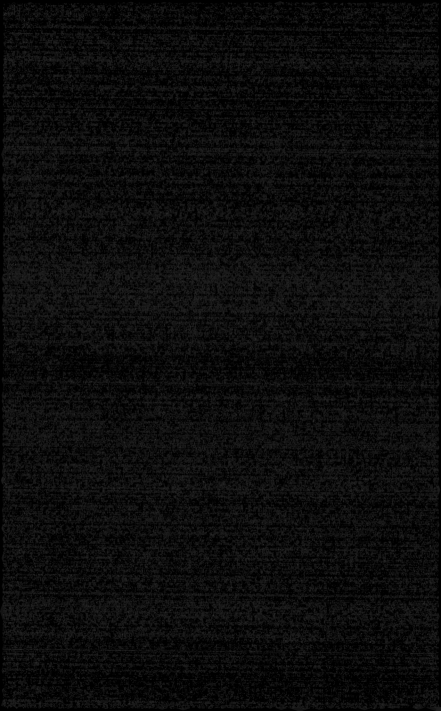